GIOCHI DIVERTENTI PER ADULTI

LABIRINTI PER ADULTI

ActivityCrusades

Pubblicato da Speedy Publishing Canada Limited

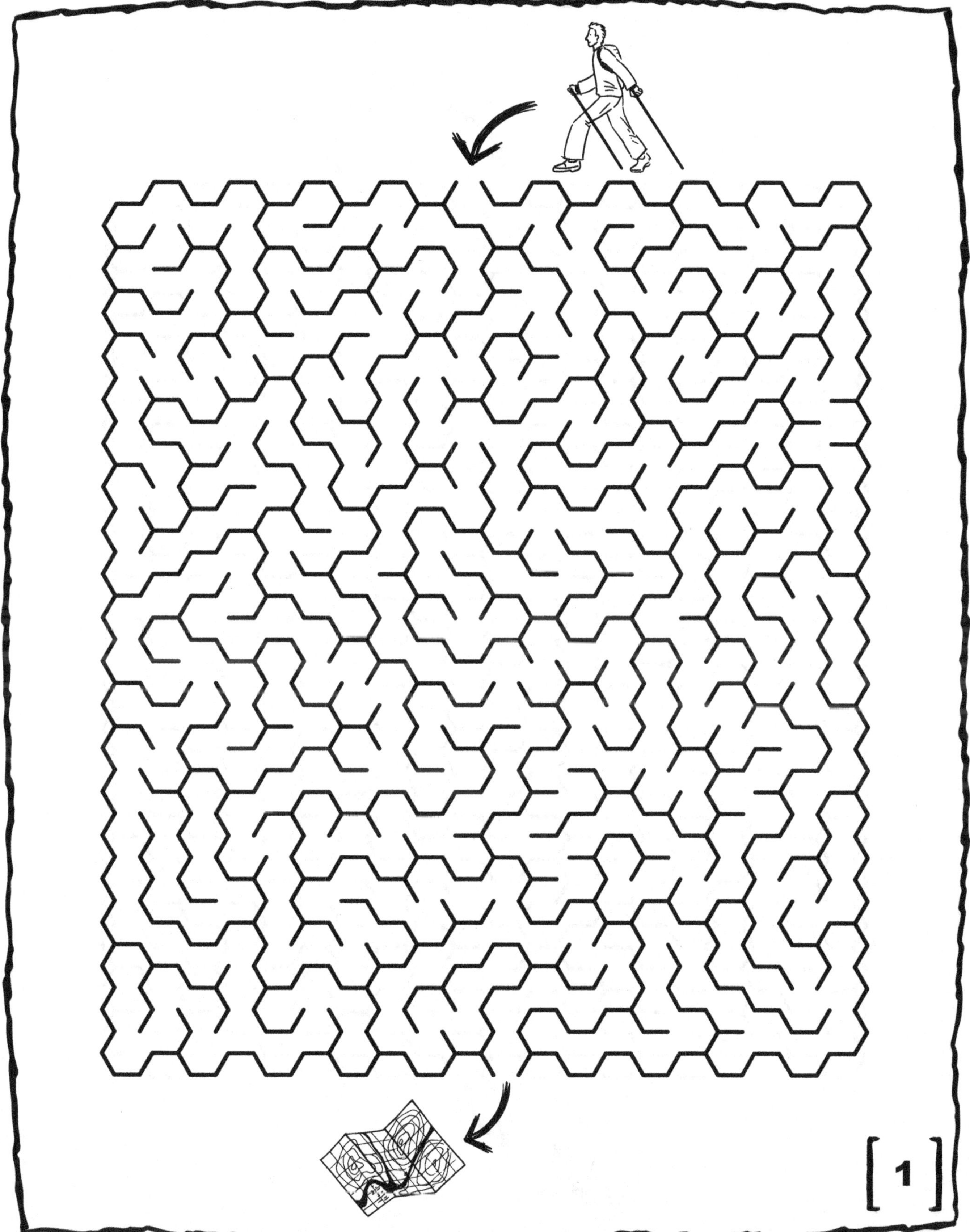

[1]

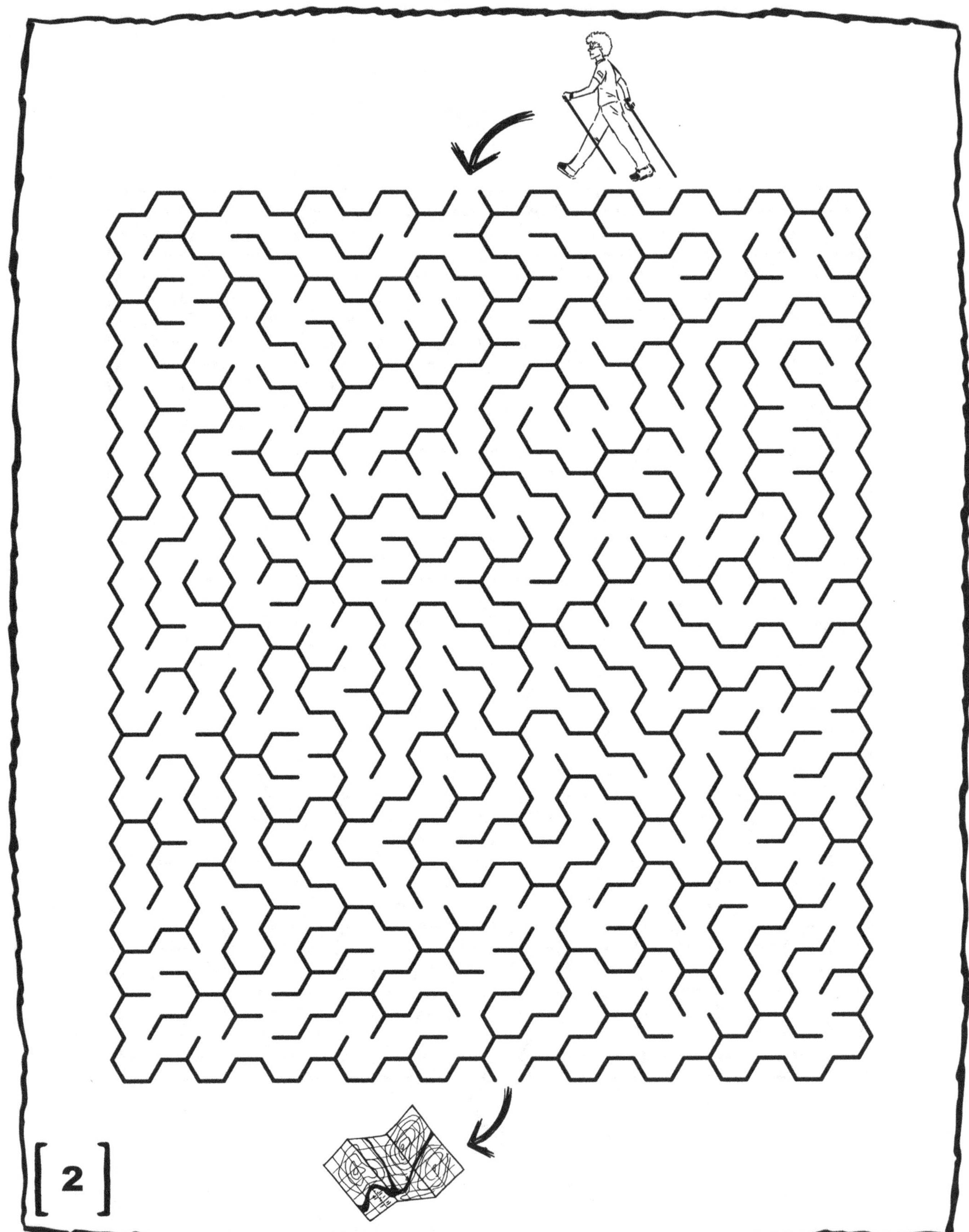

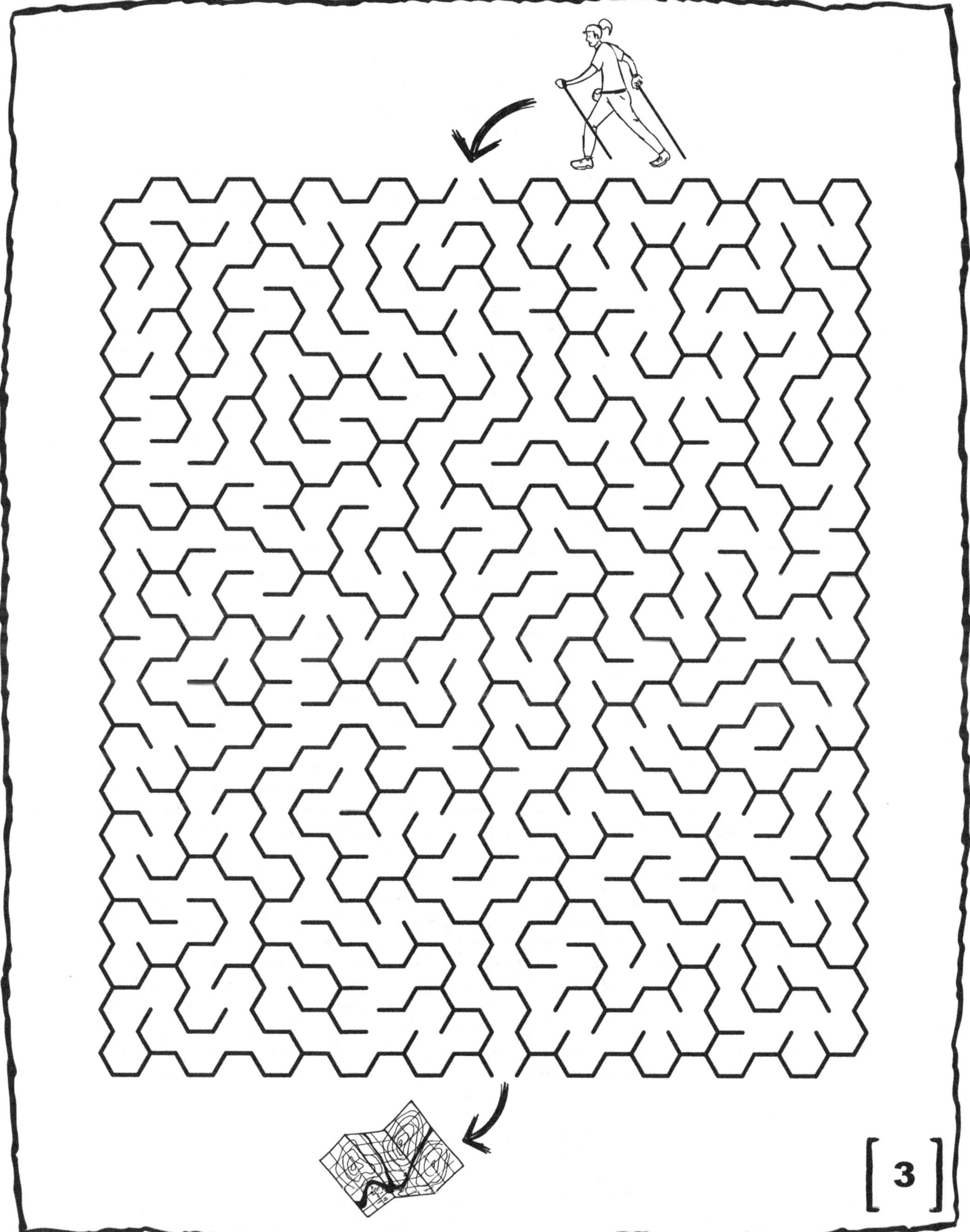

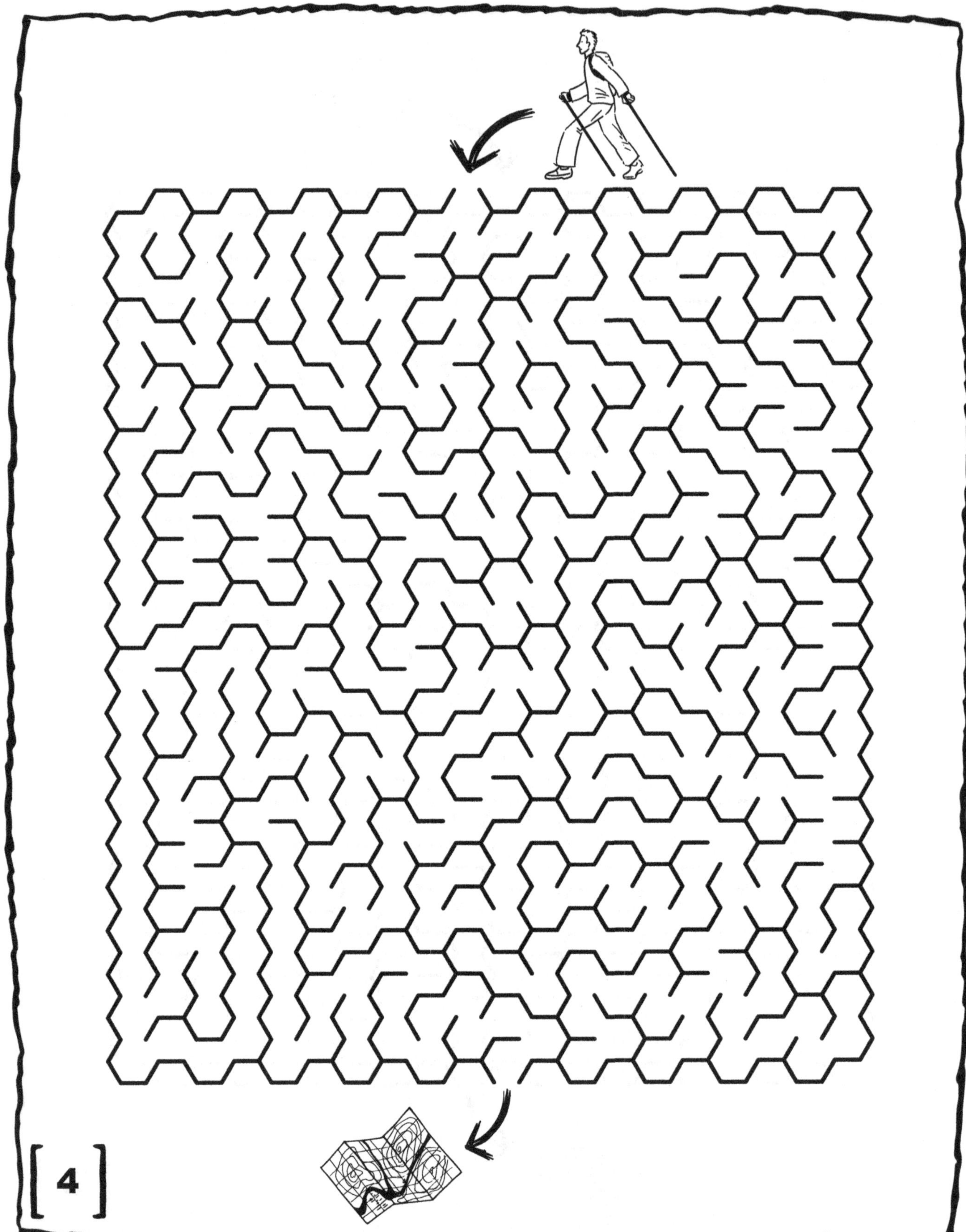

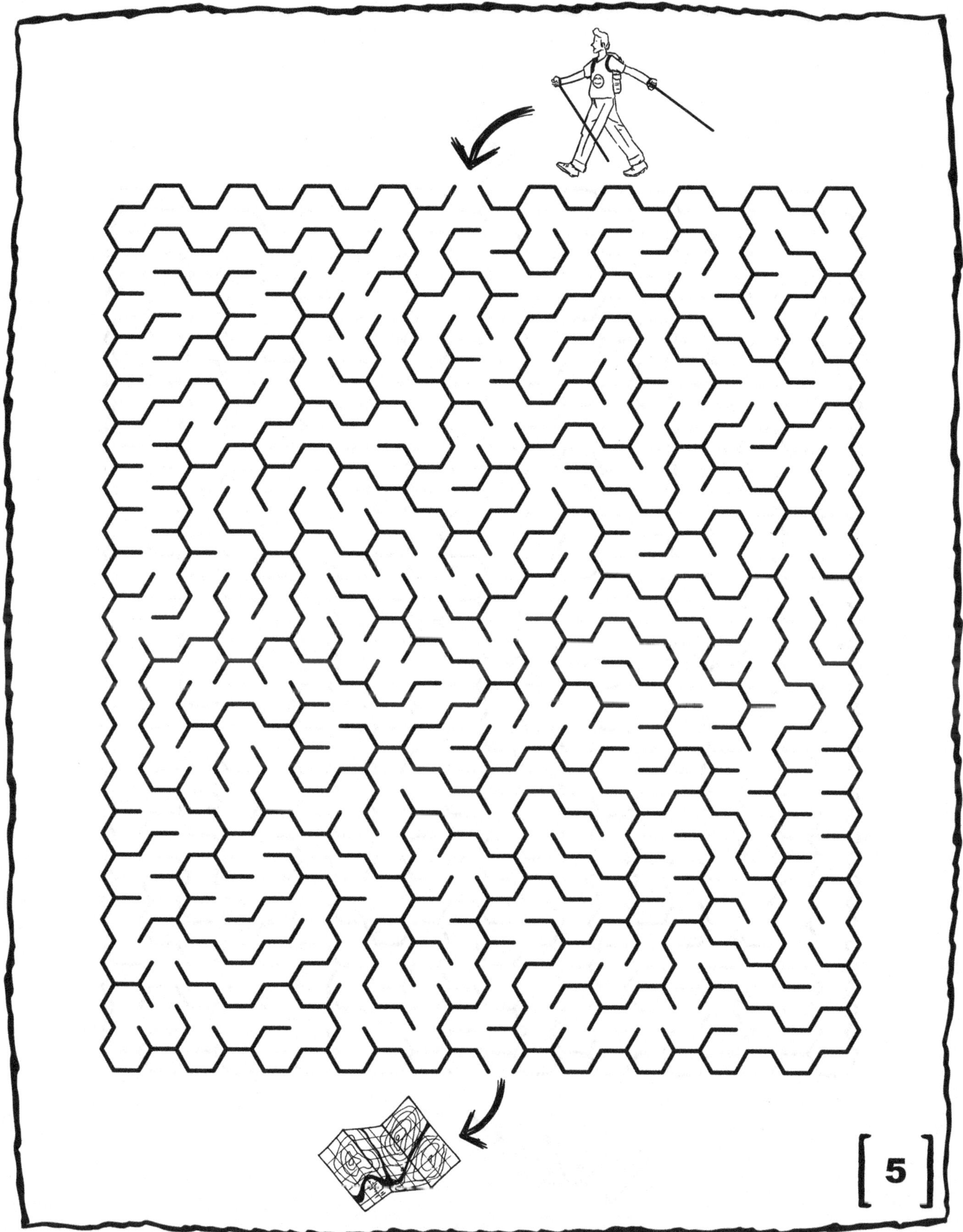

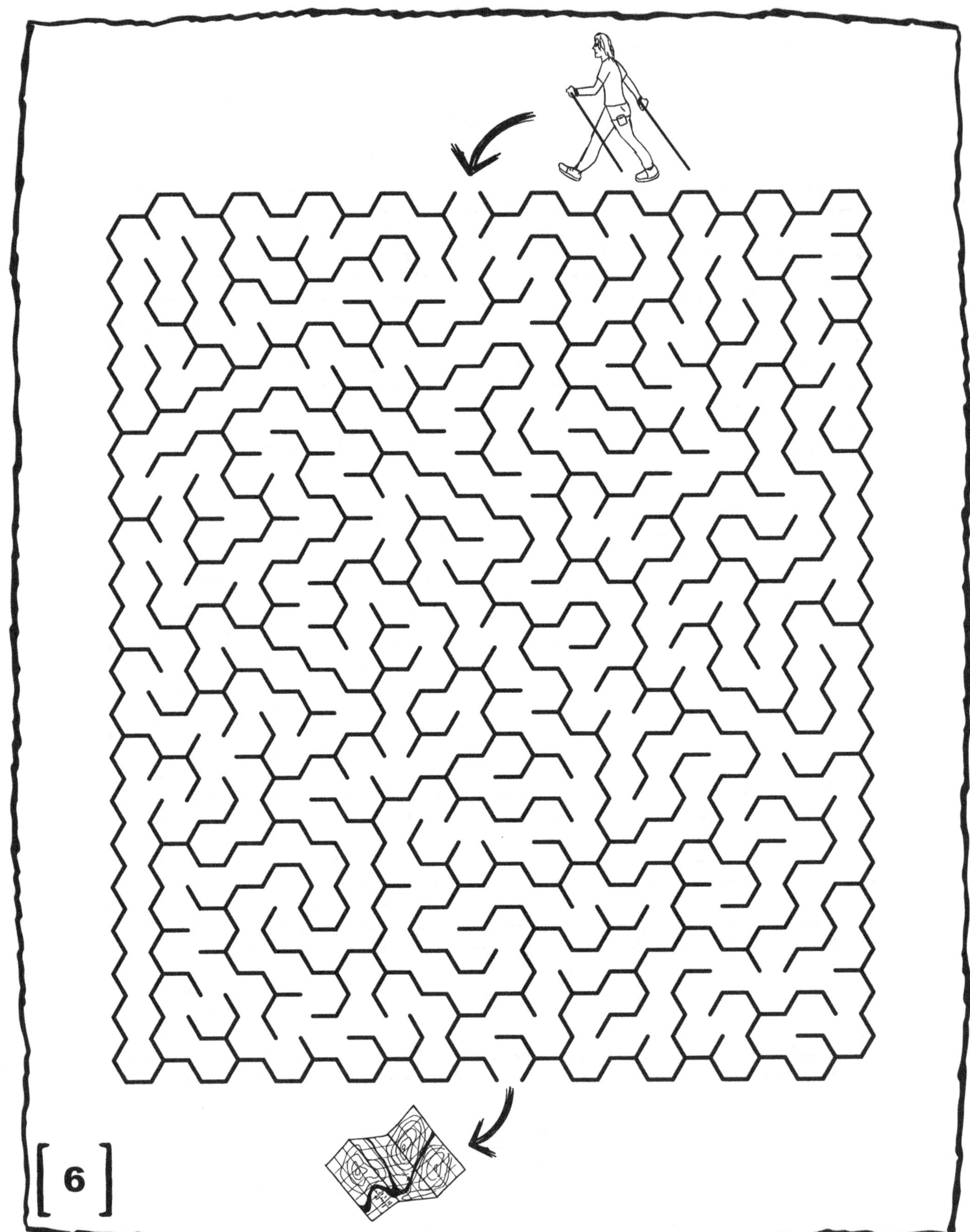

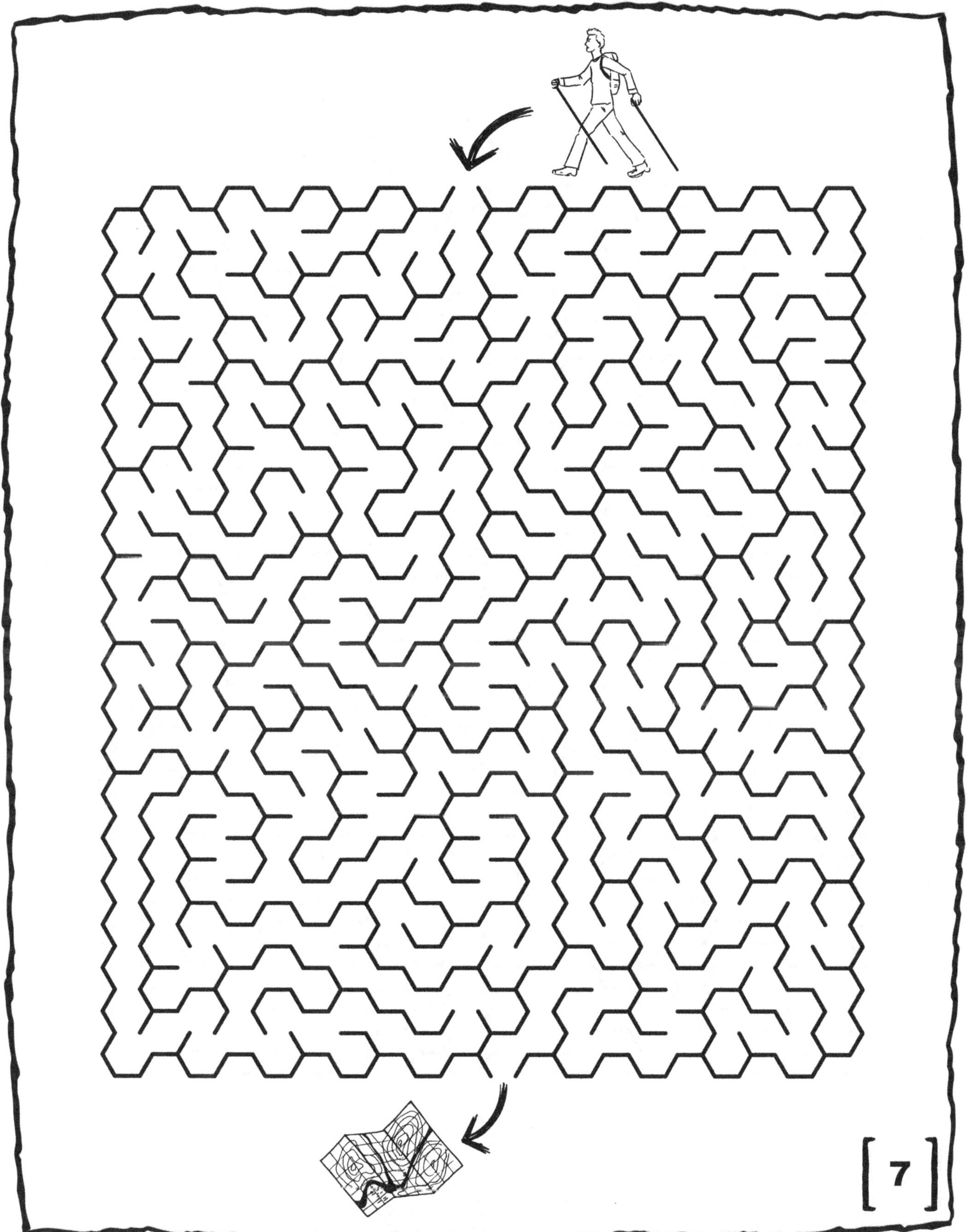

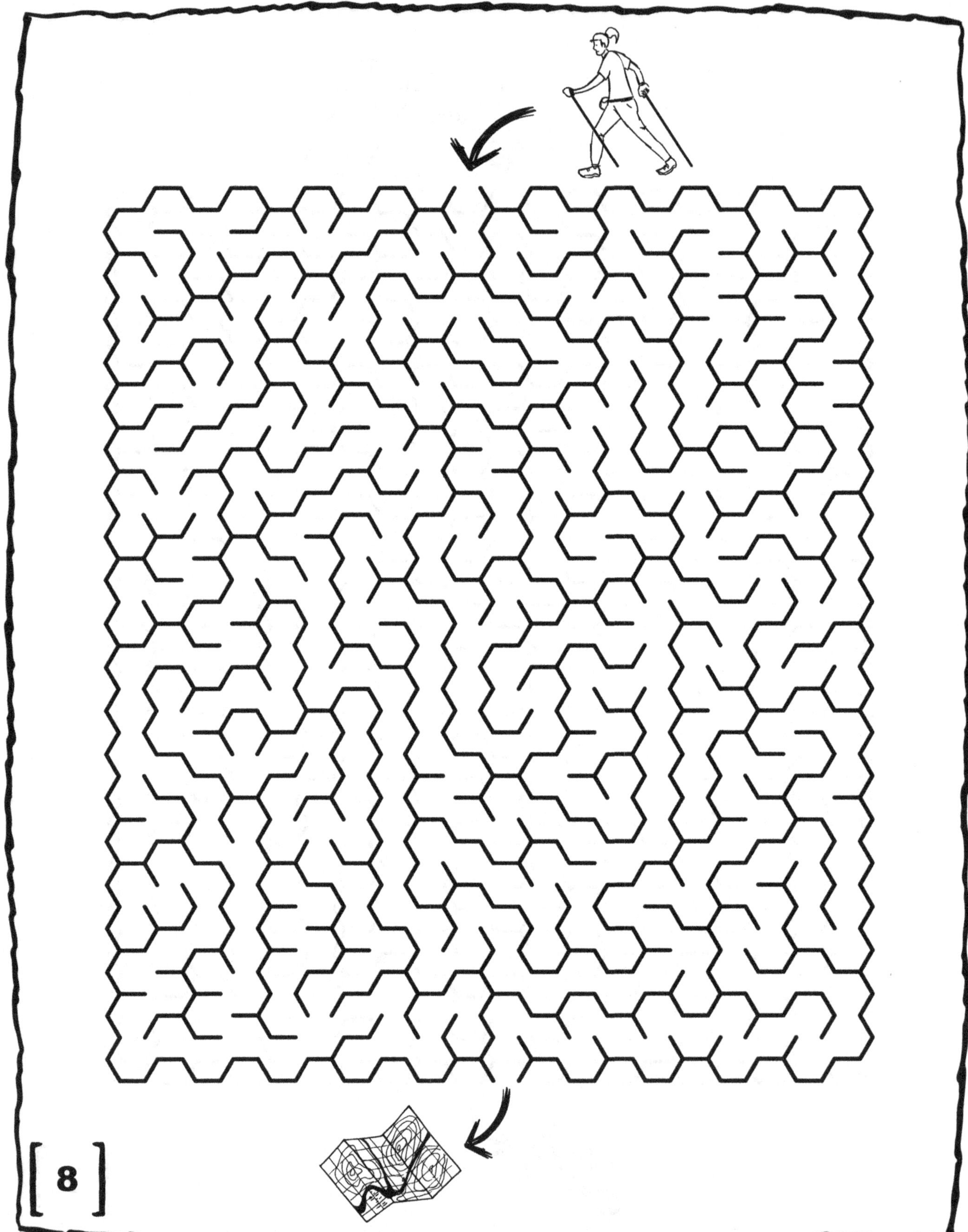

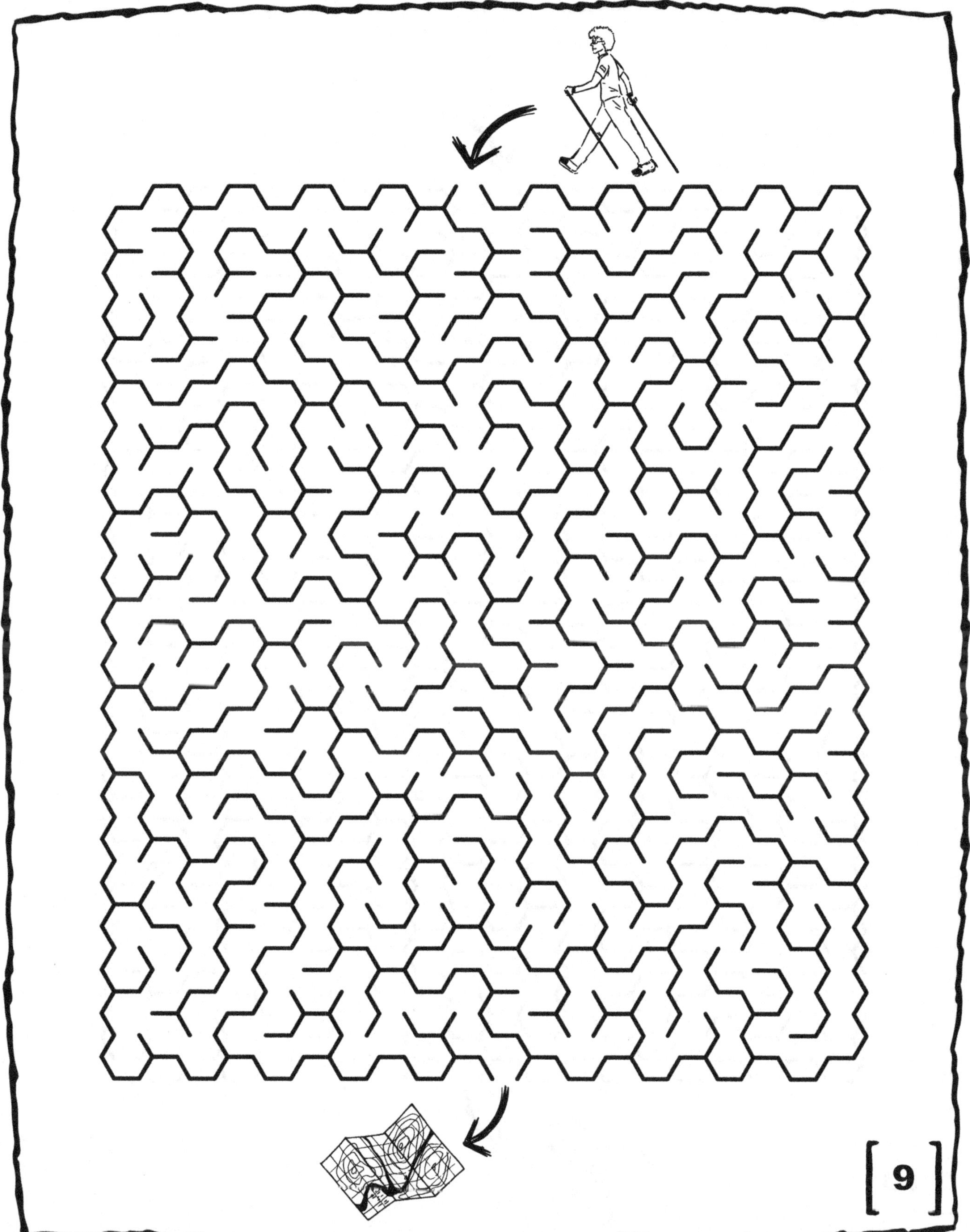

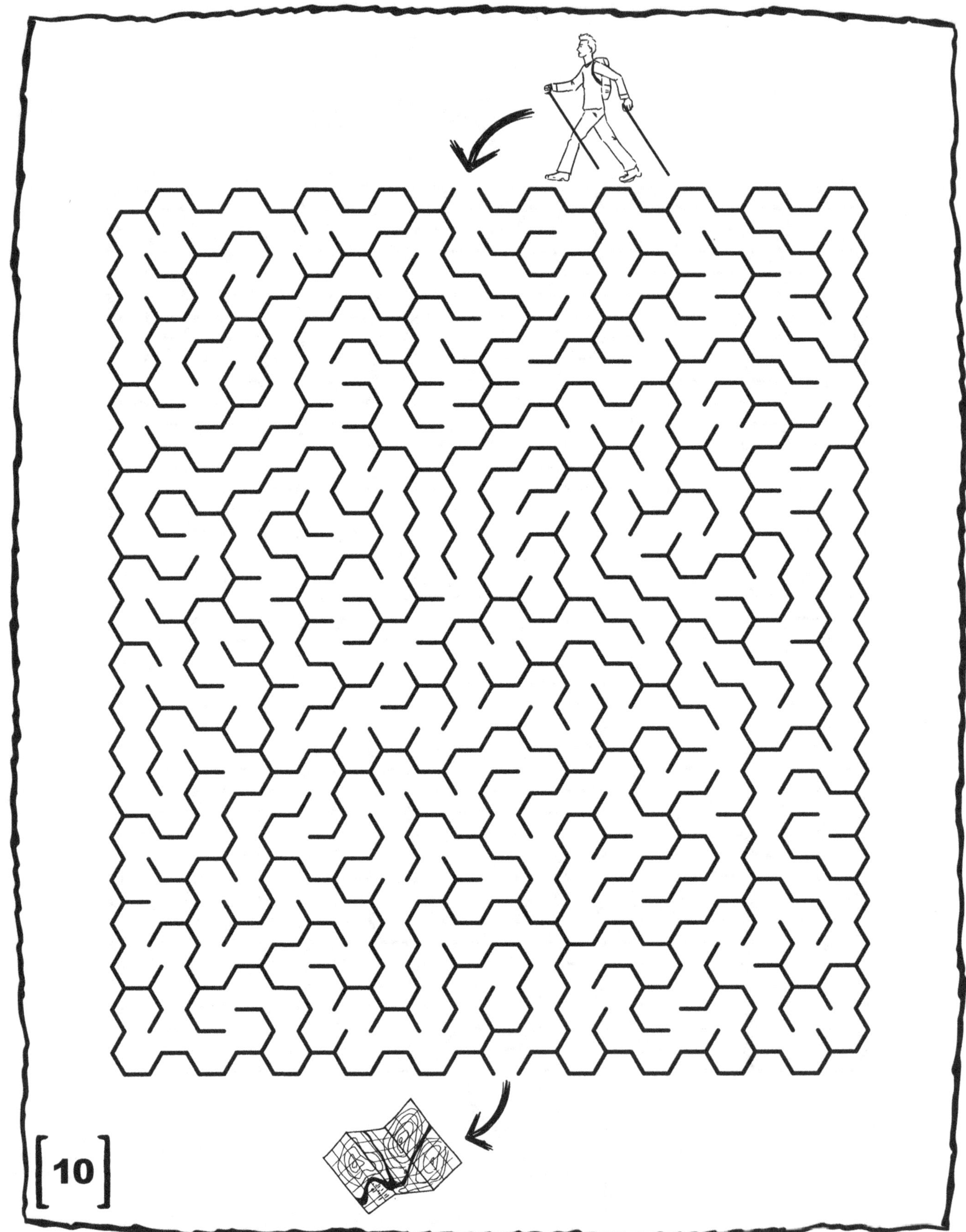

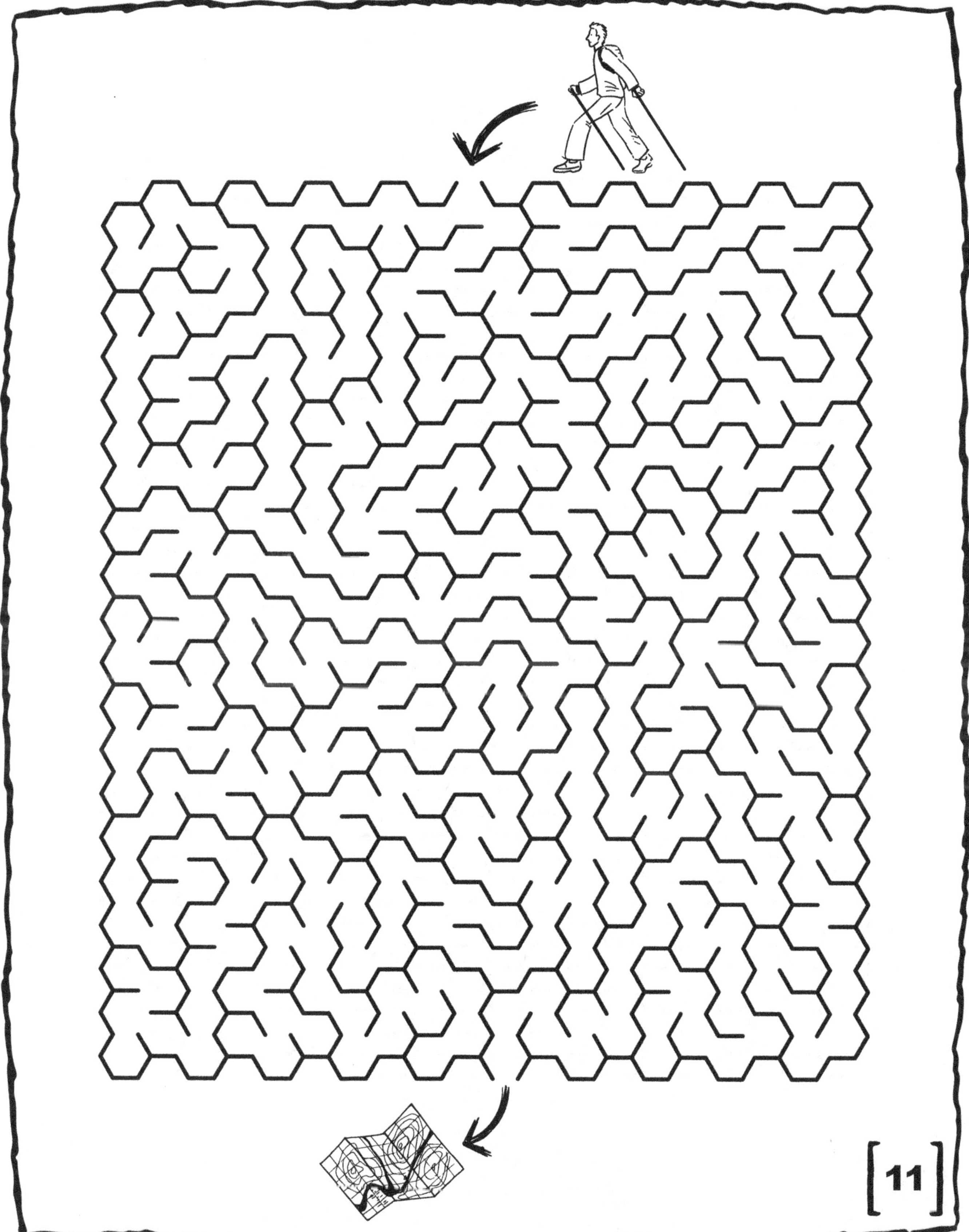

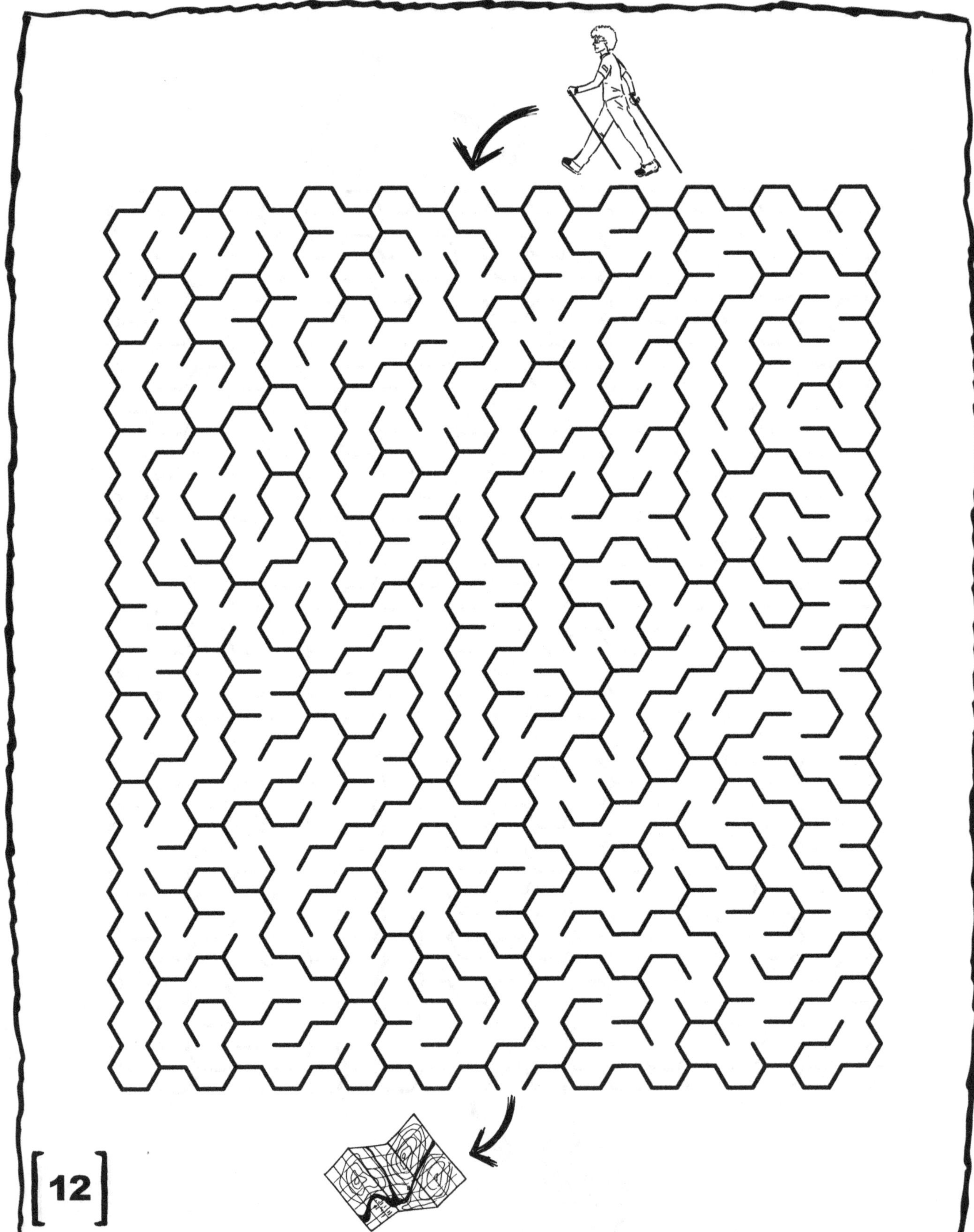

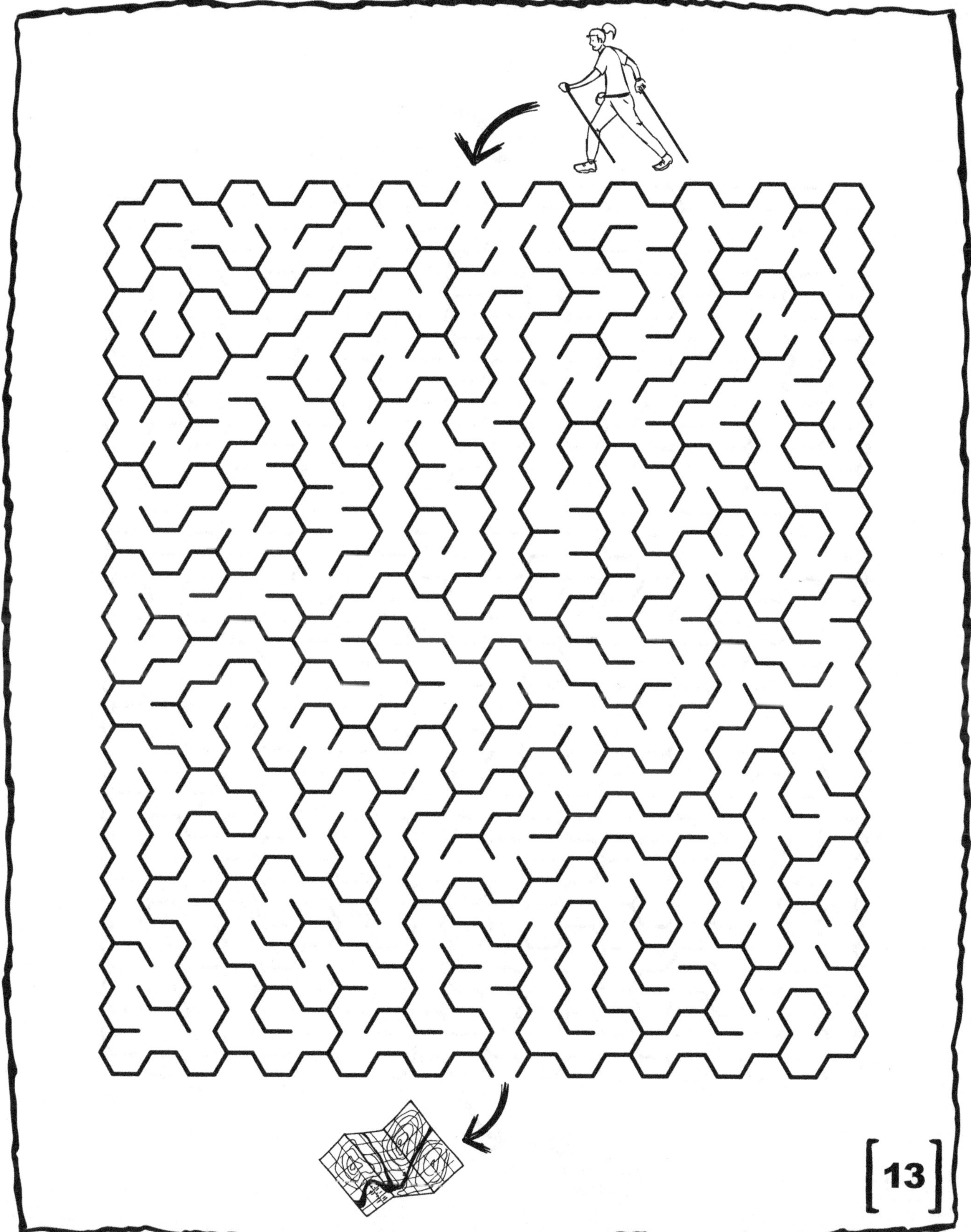

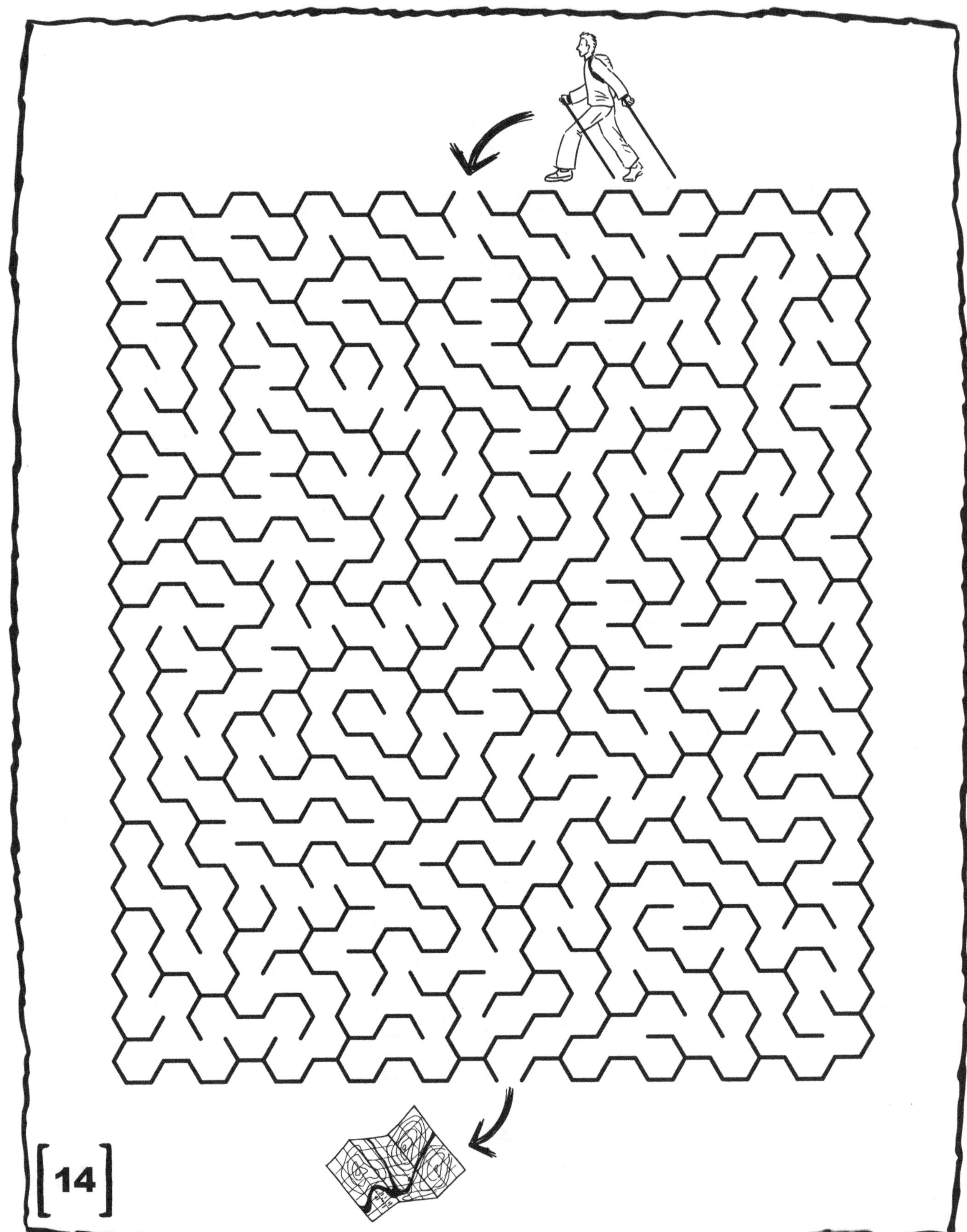

[14]

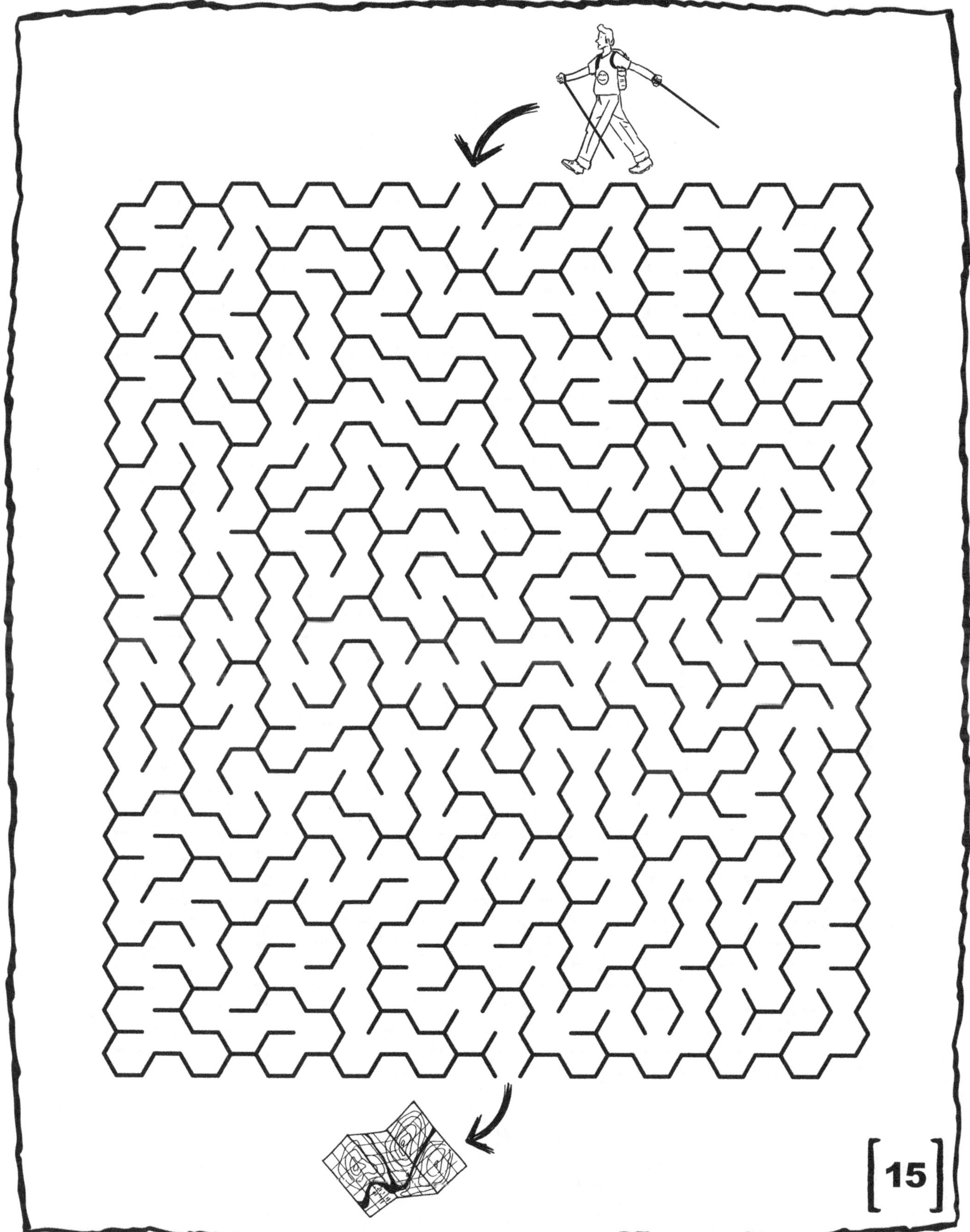

[15]

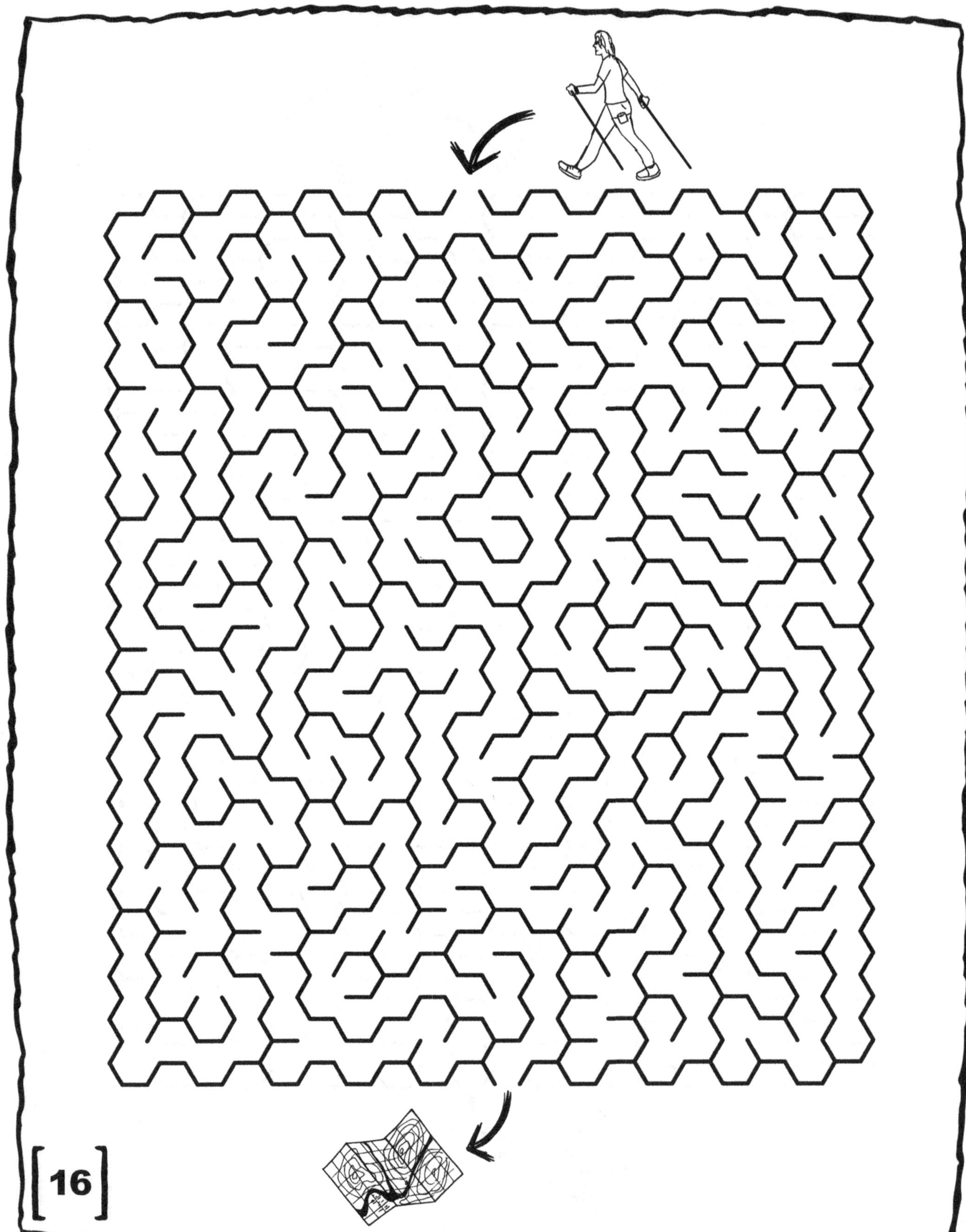

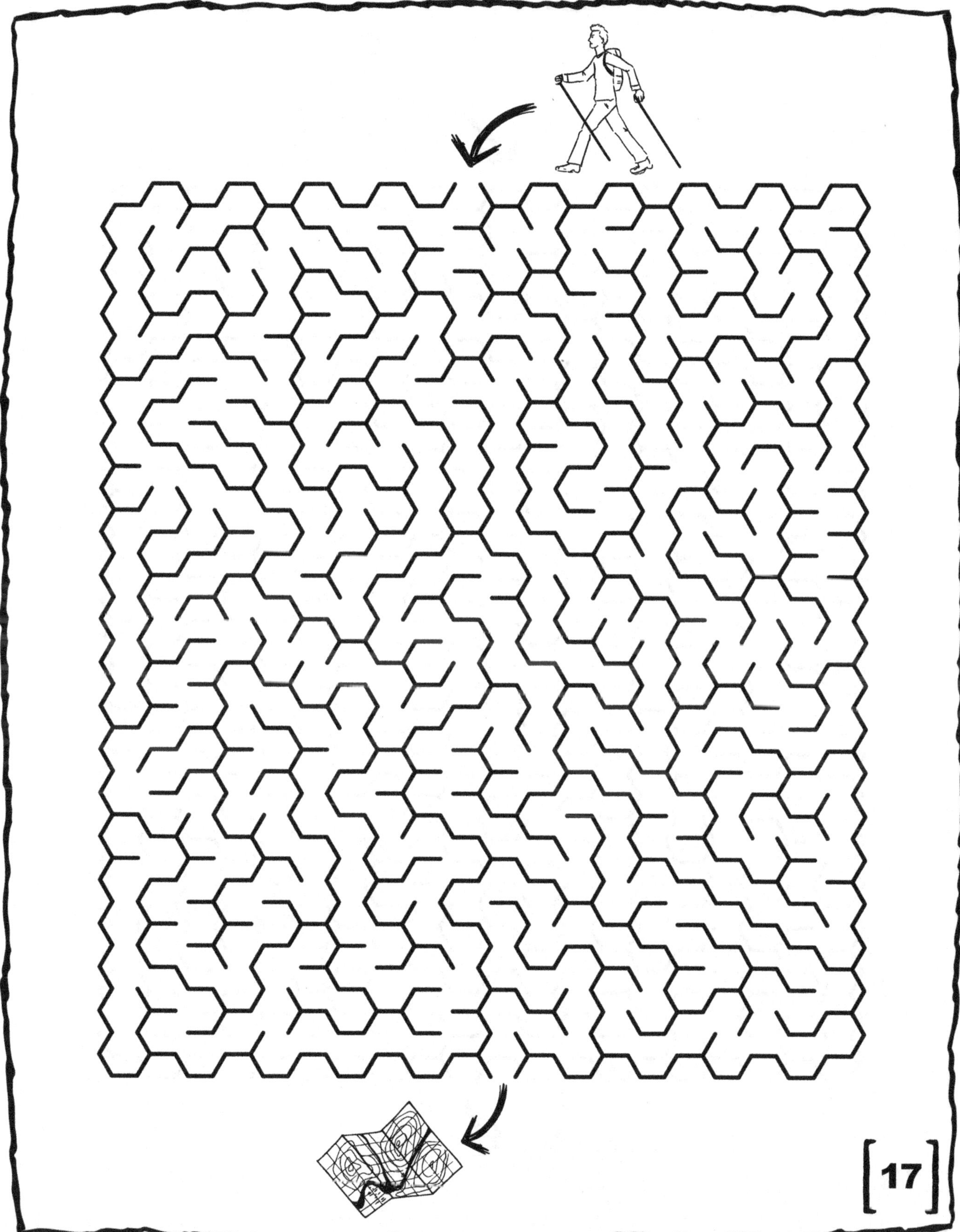

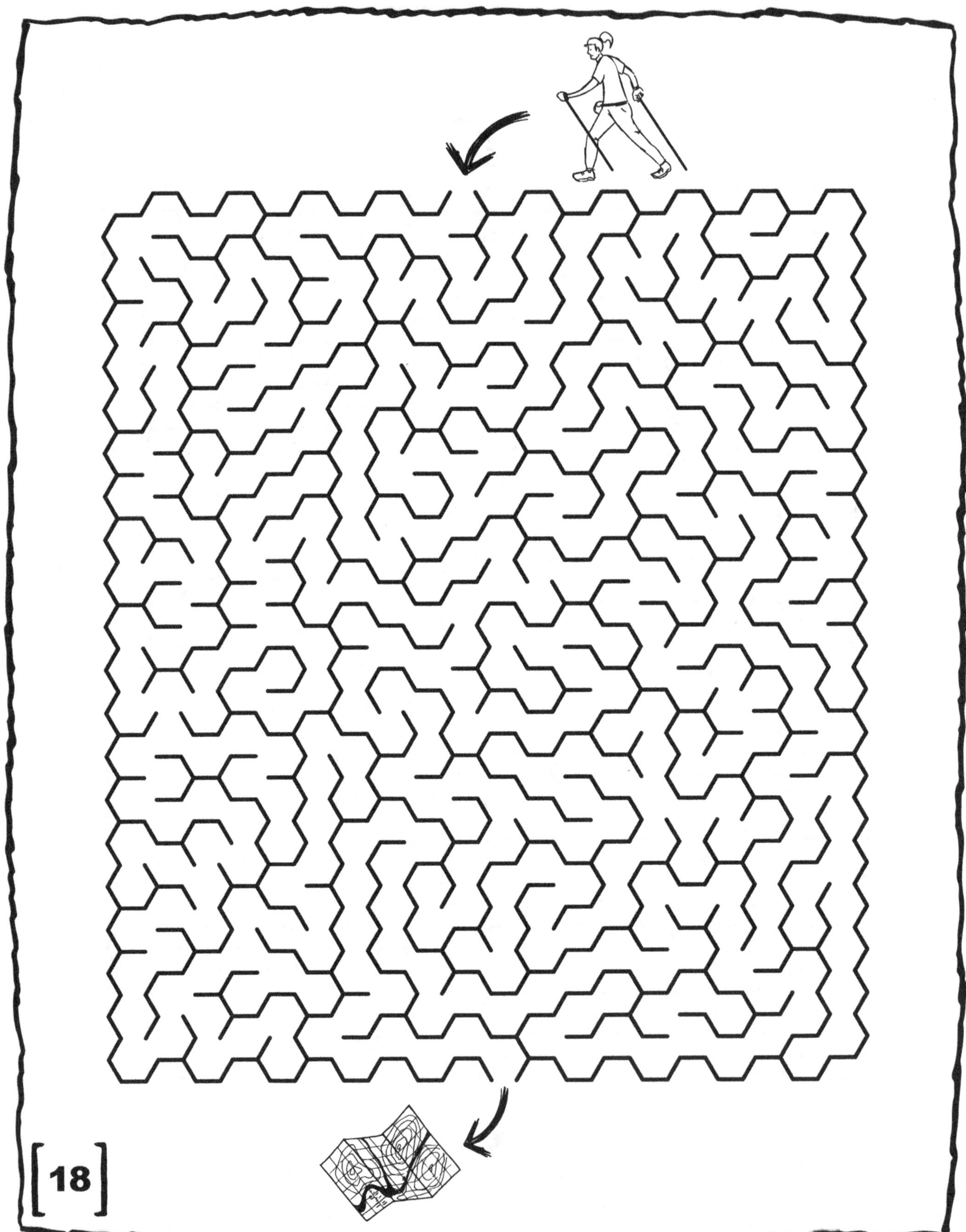

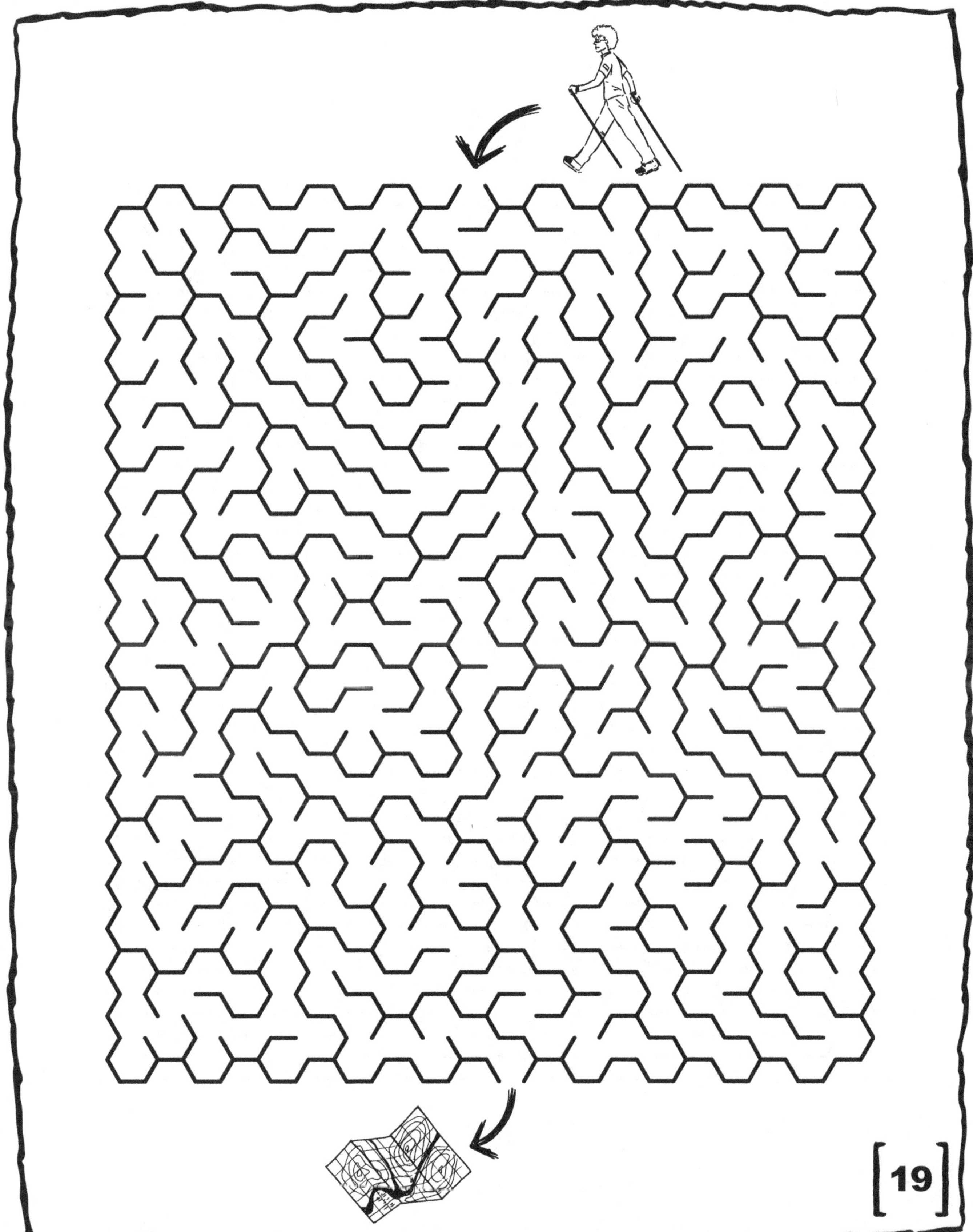

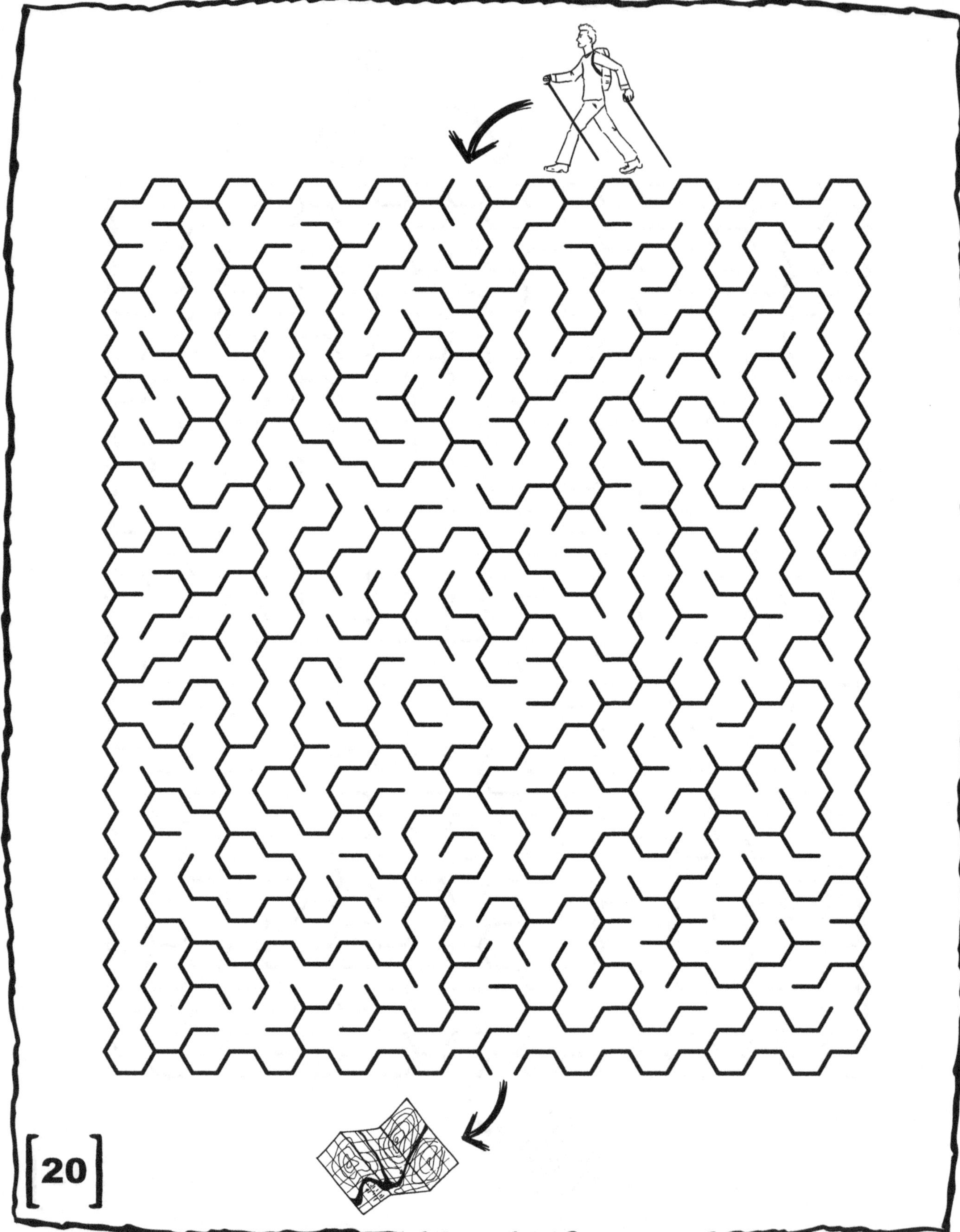

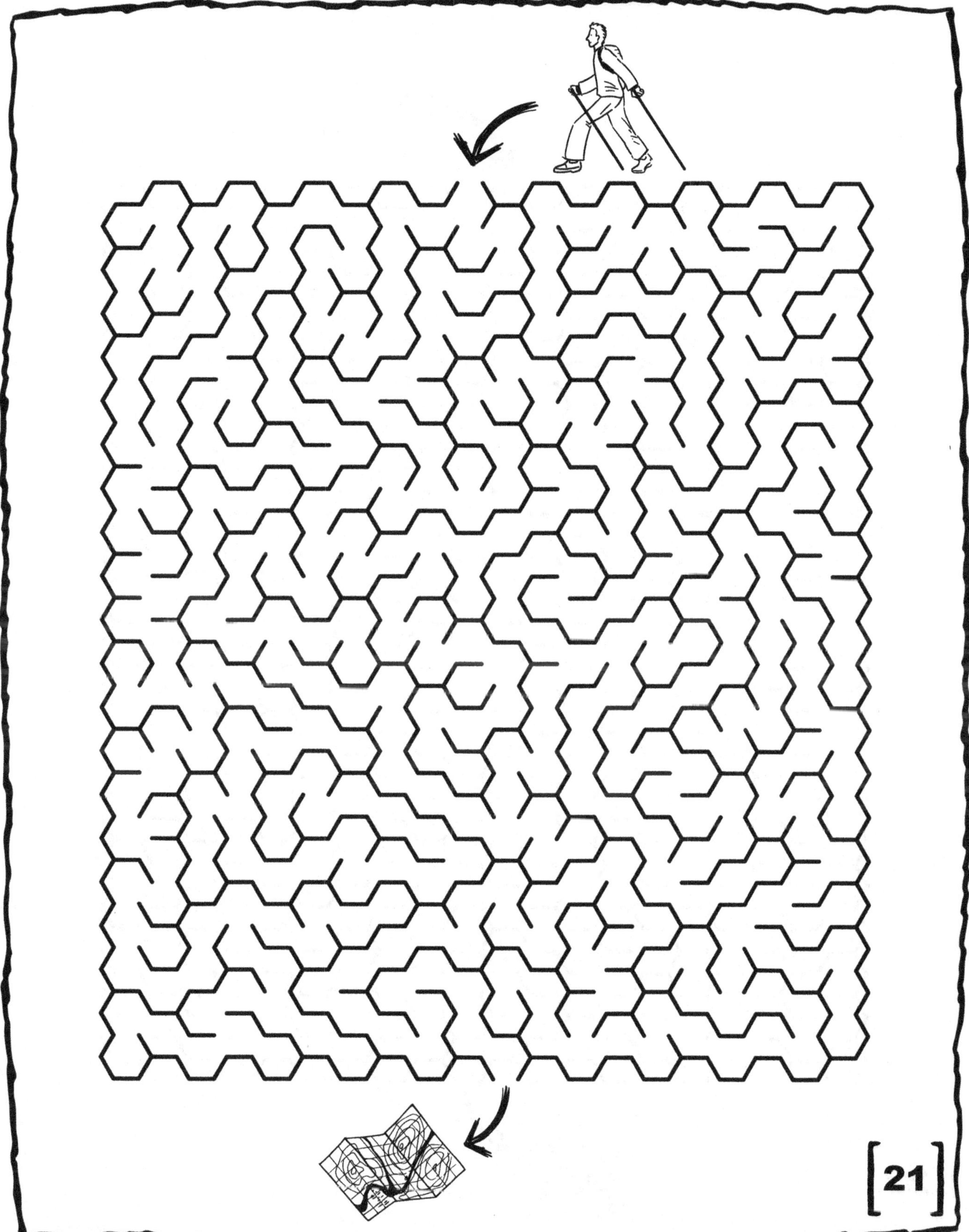

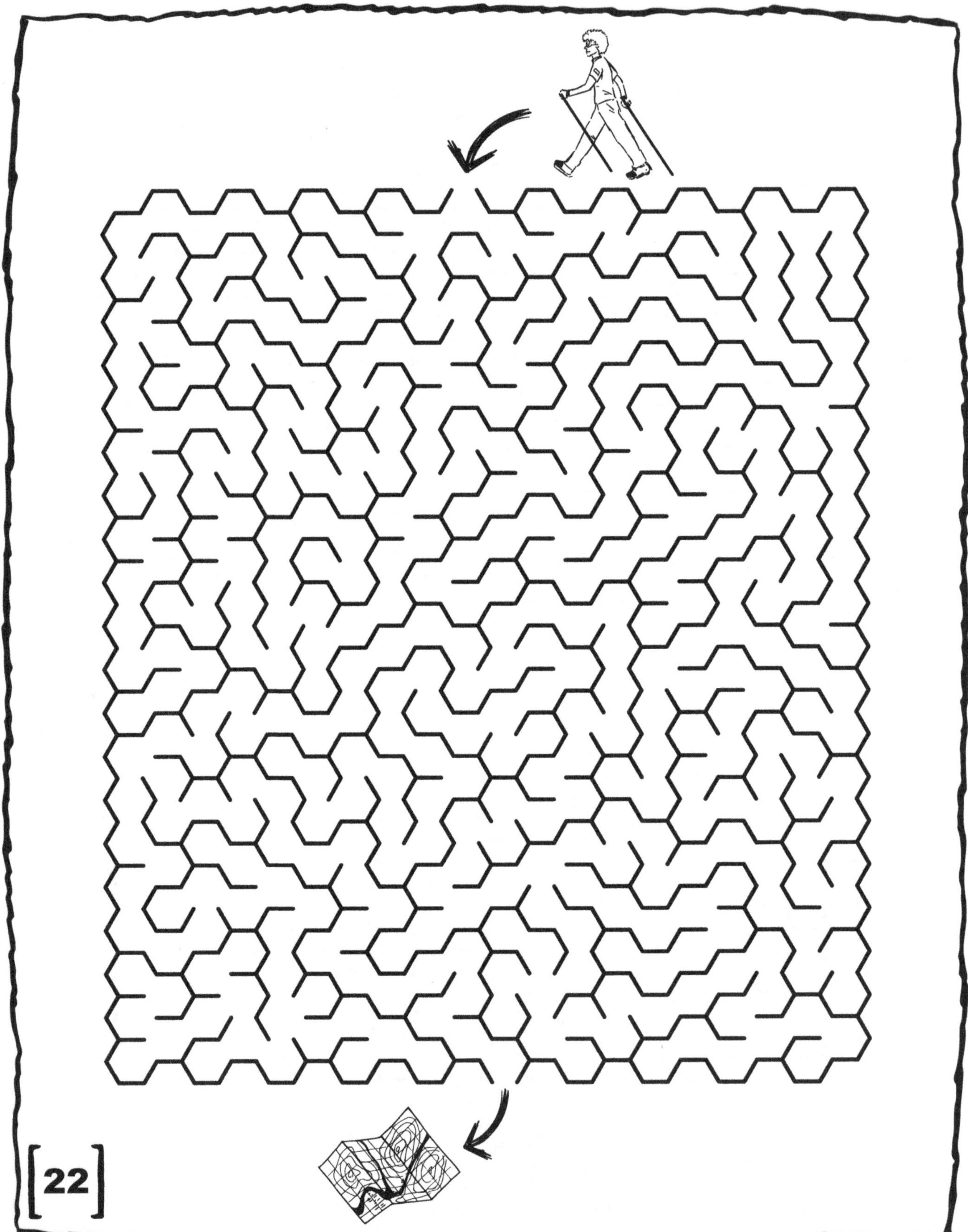

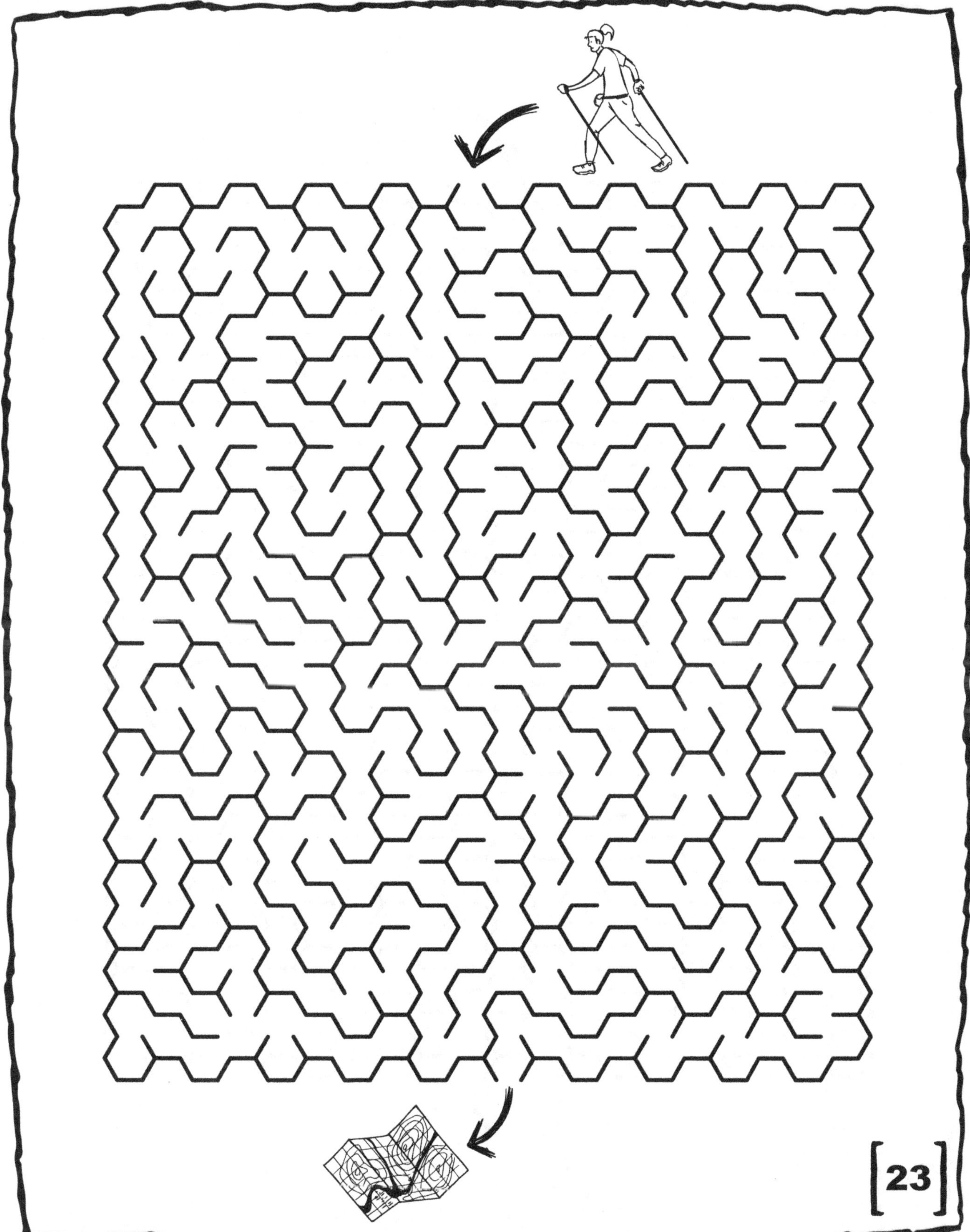

23

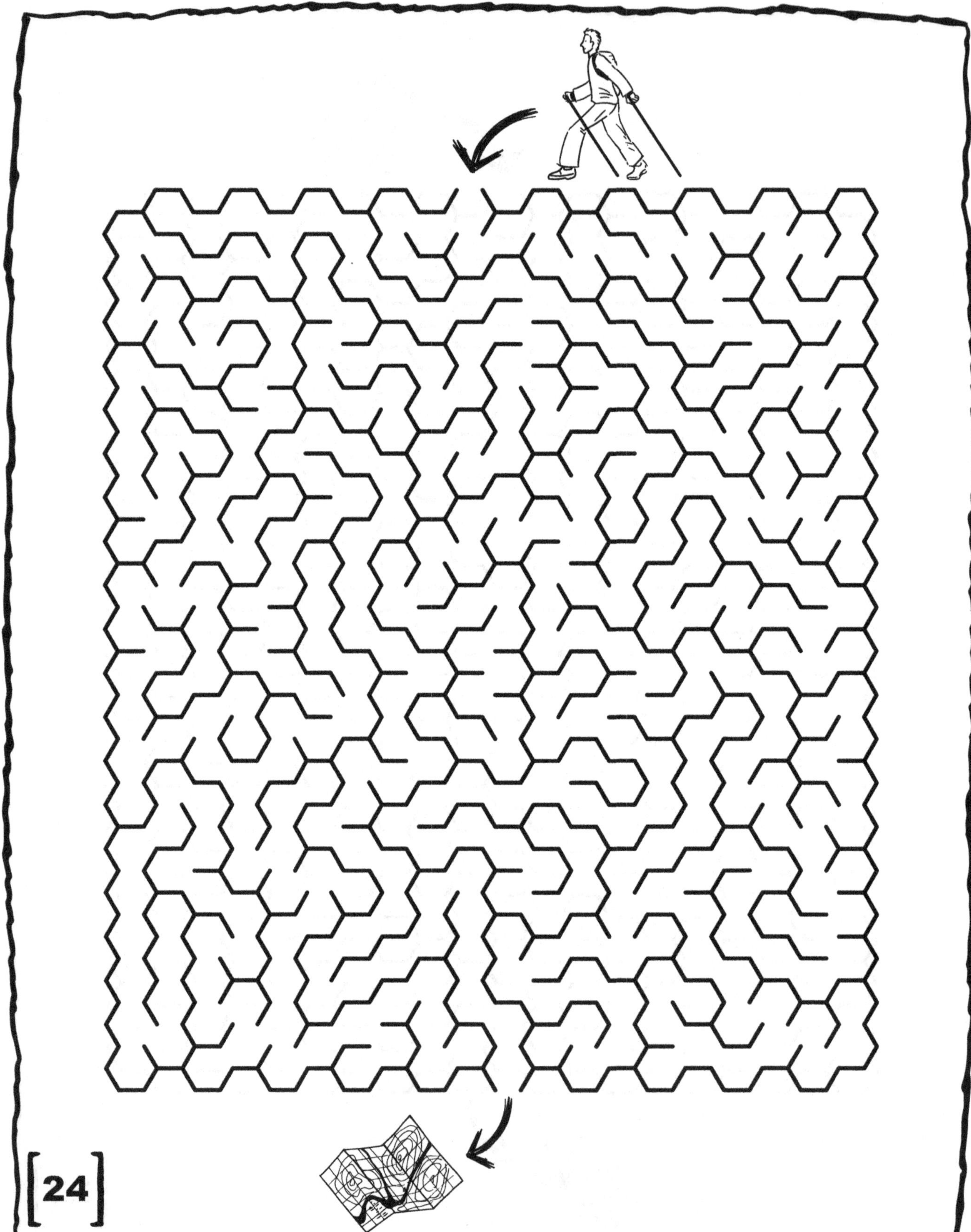

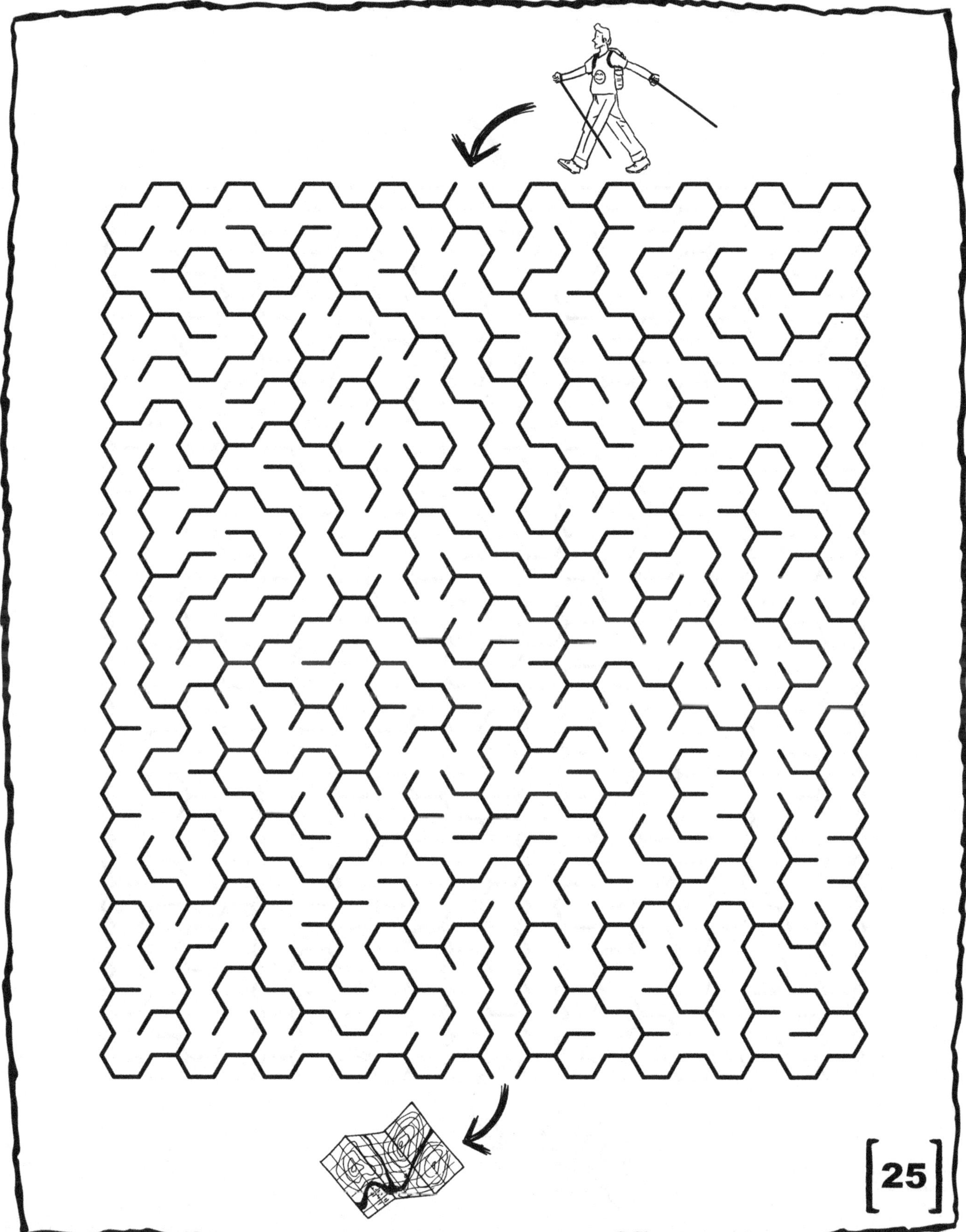

25

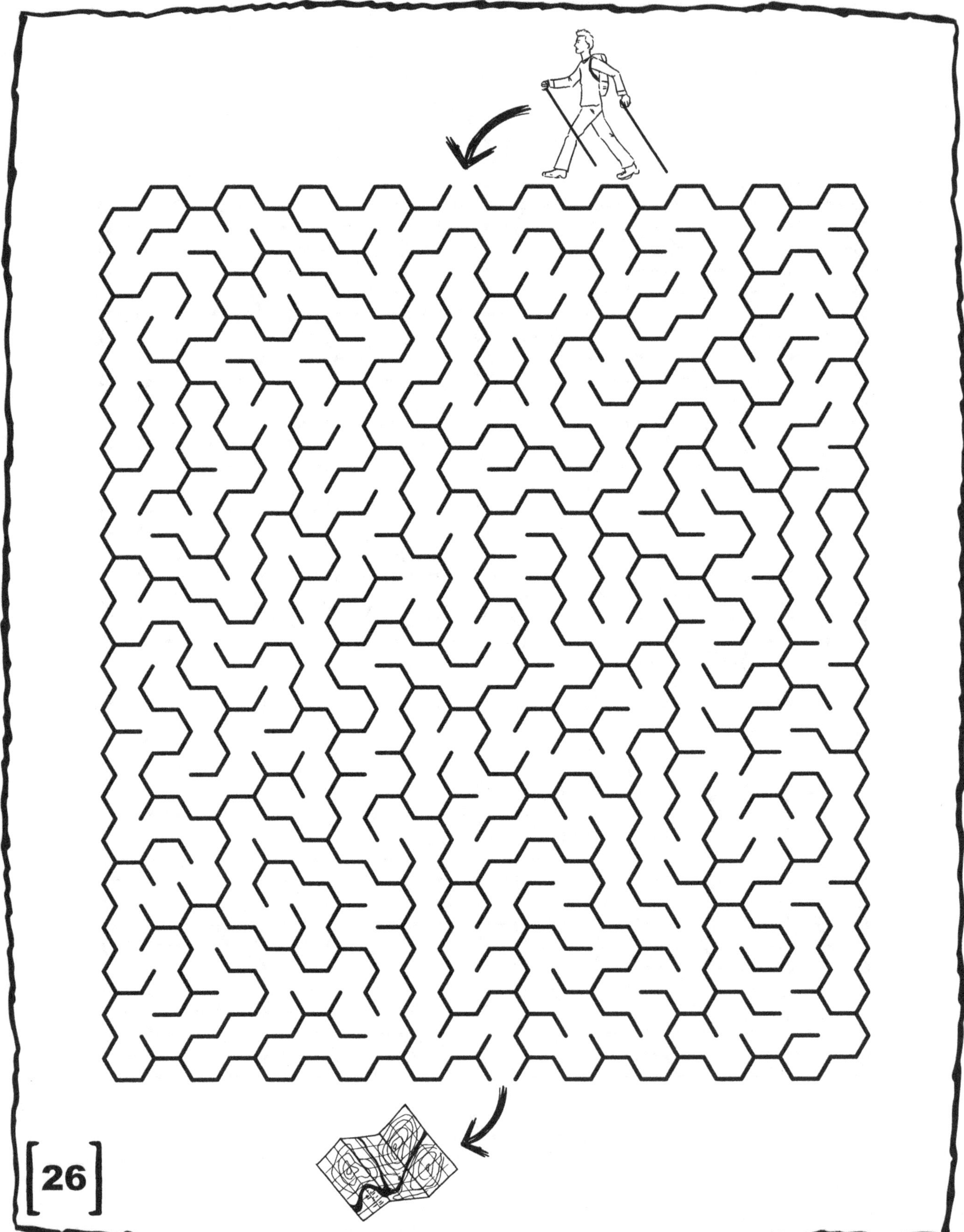

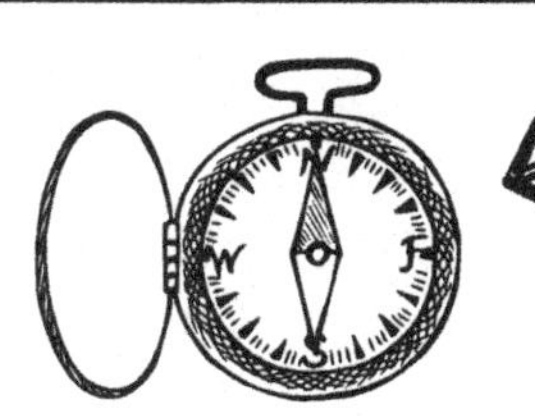

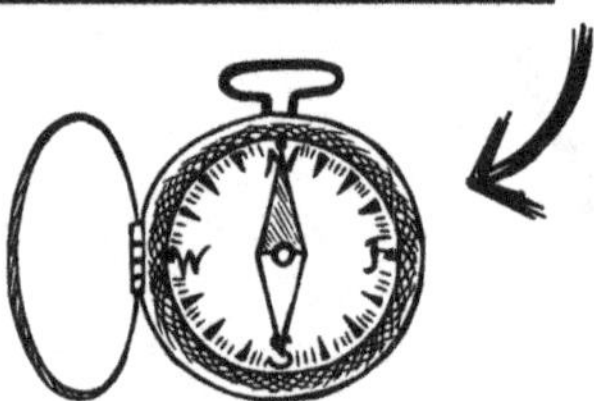

W
S

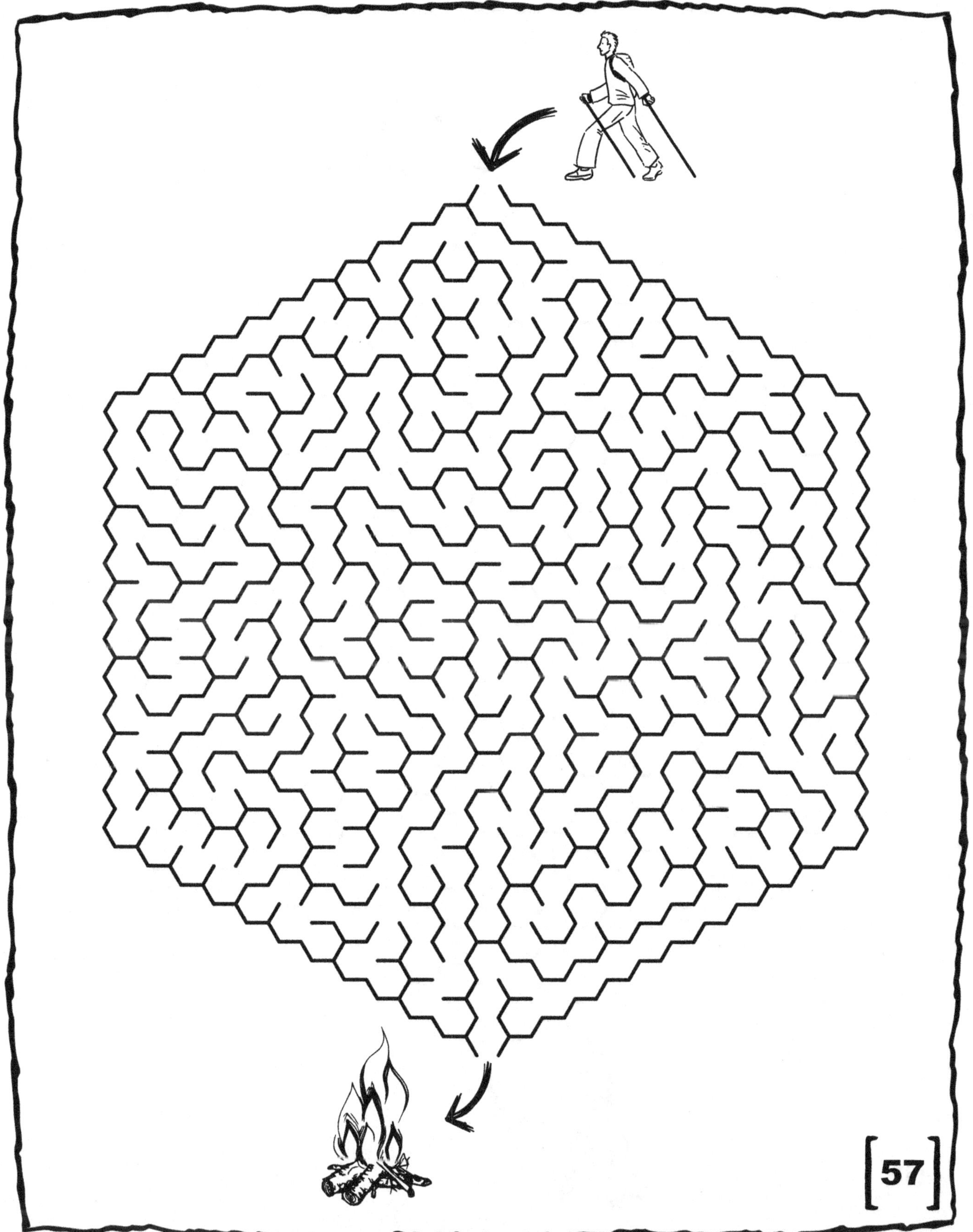

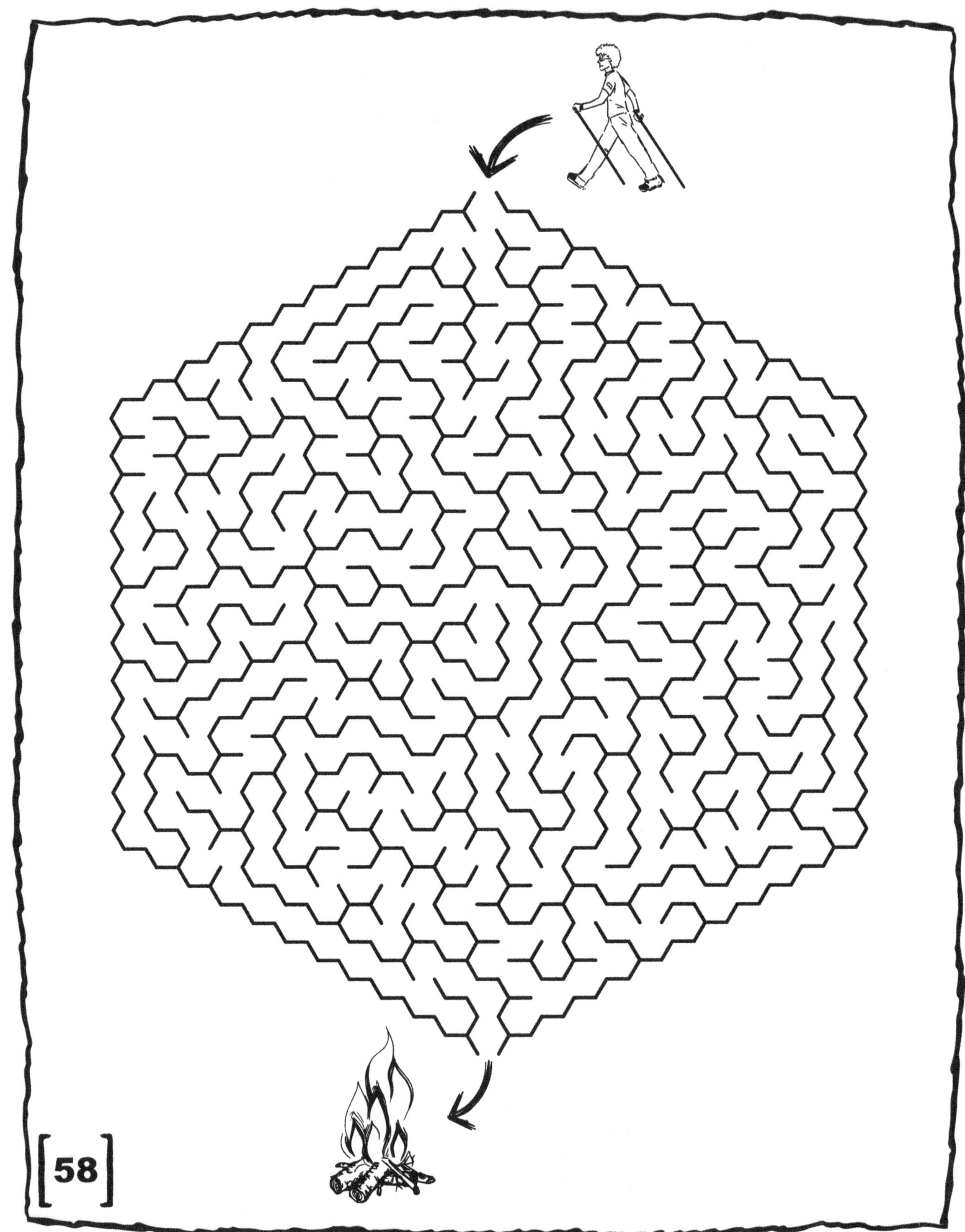

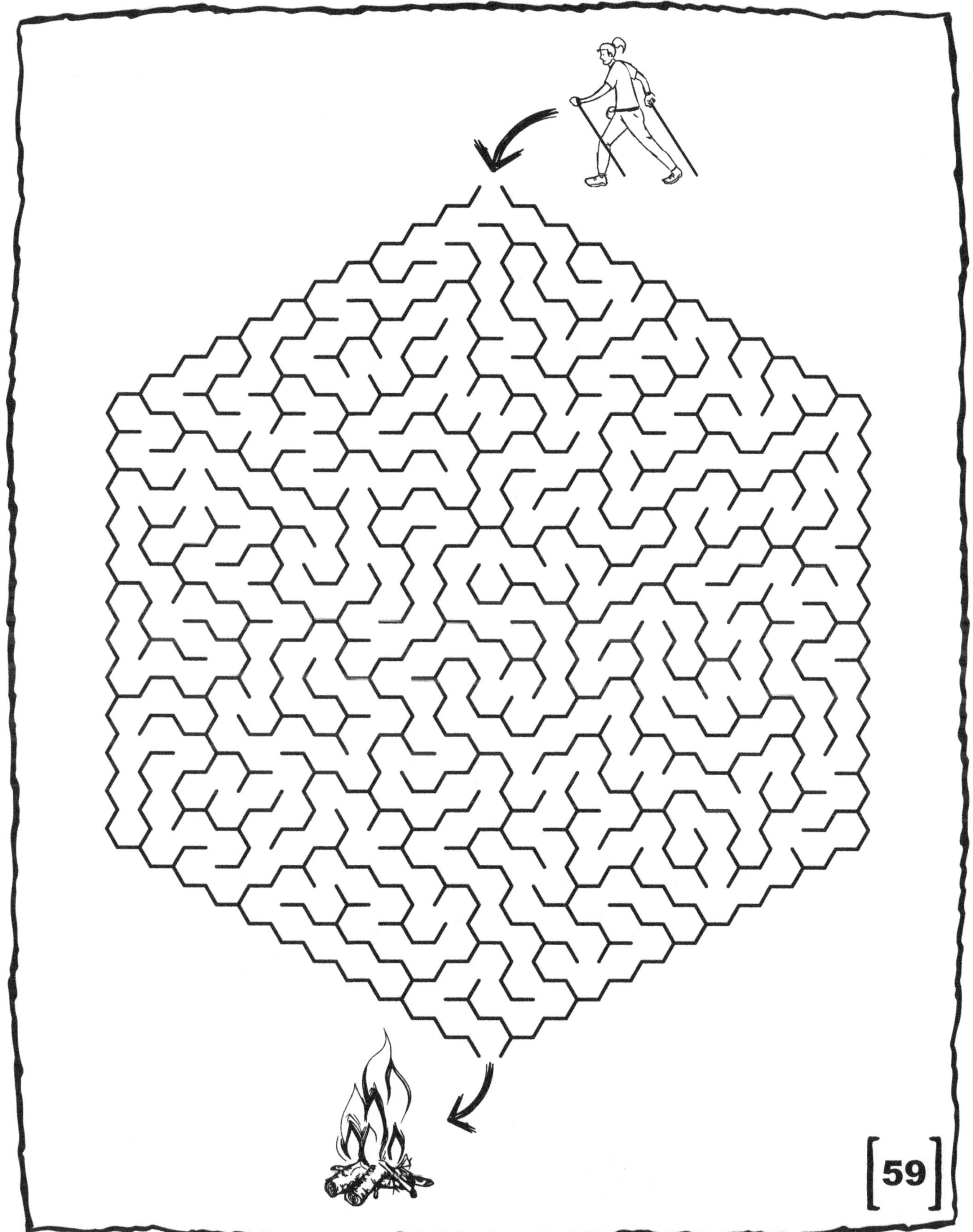

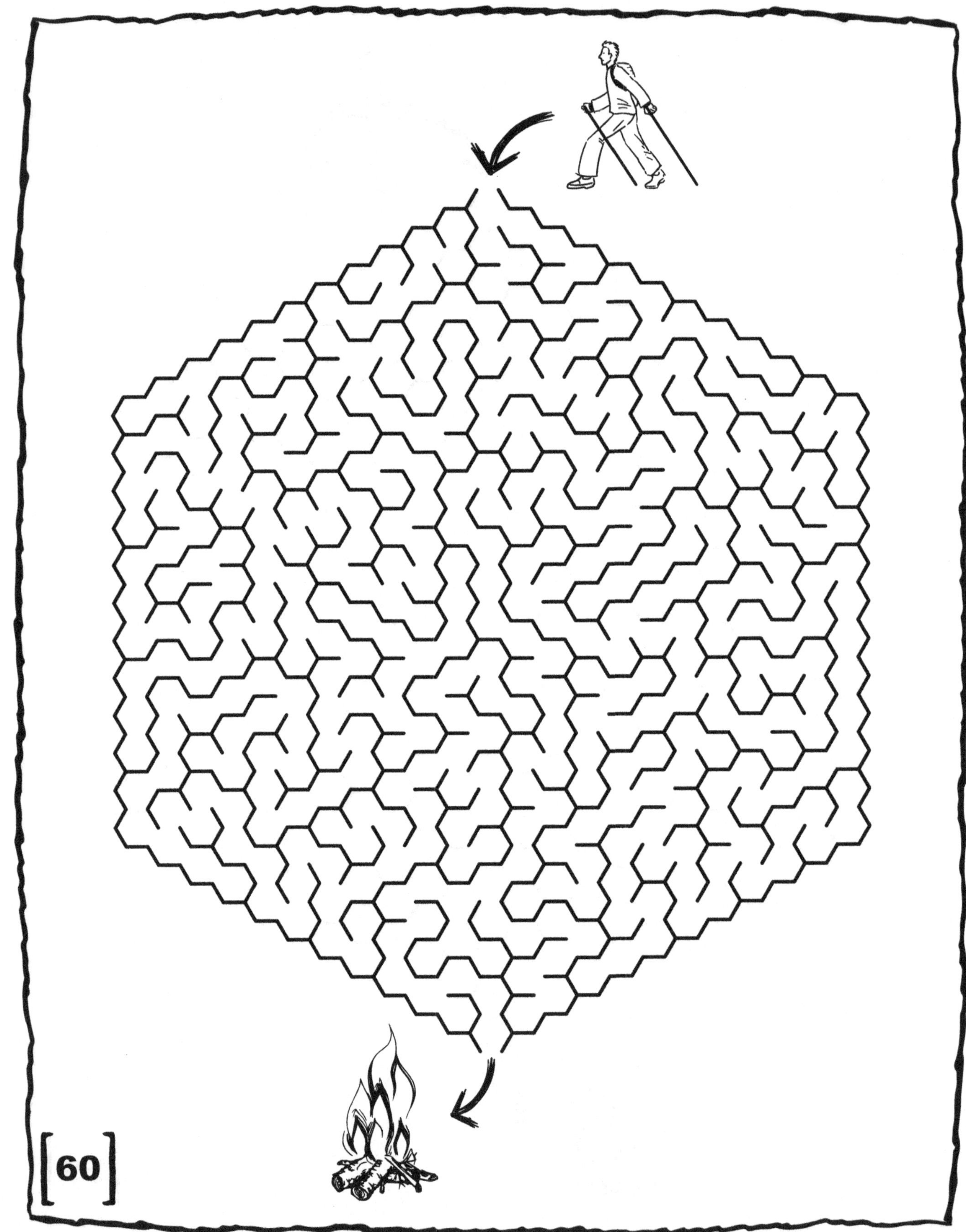

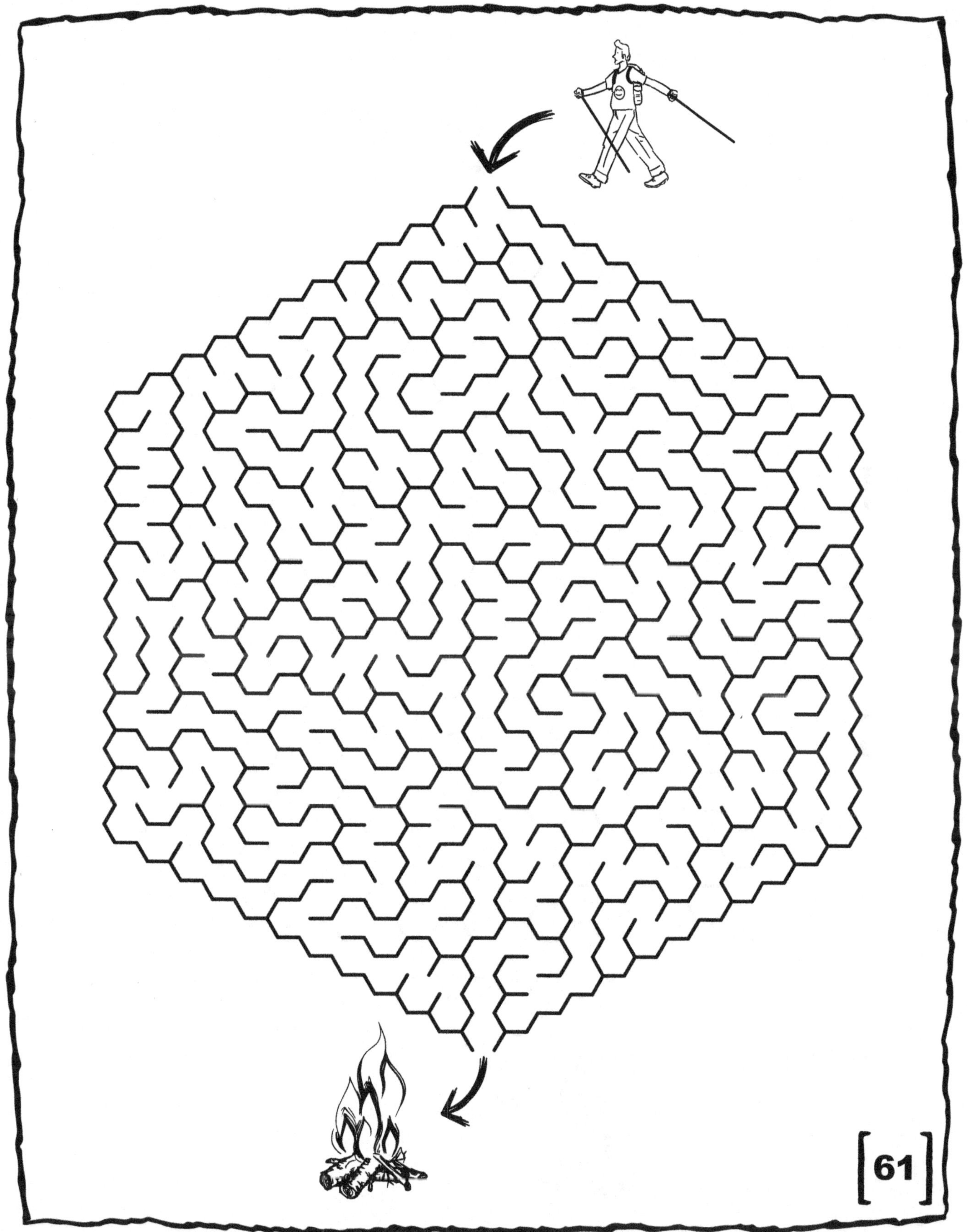

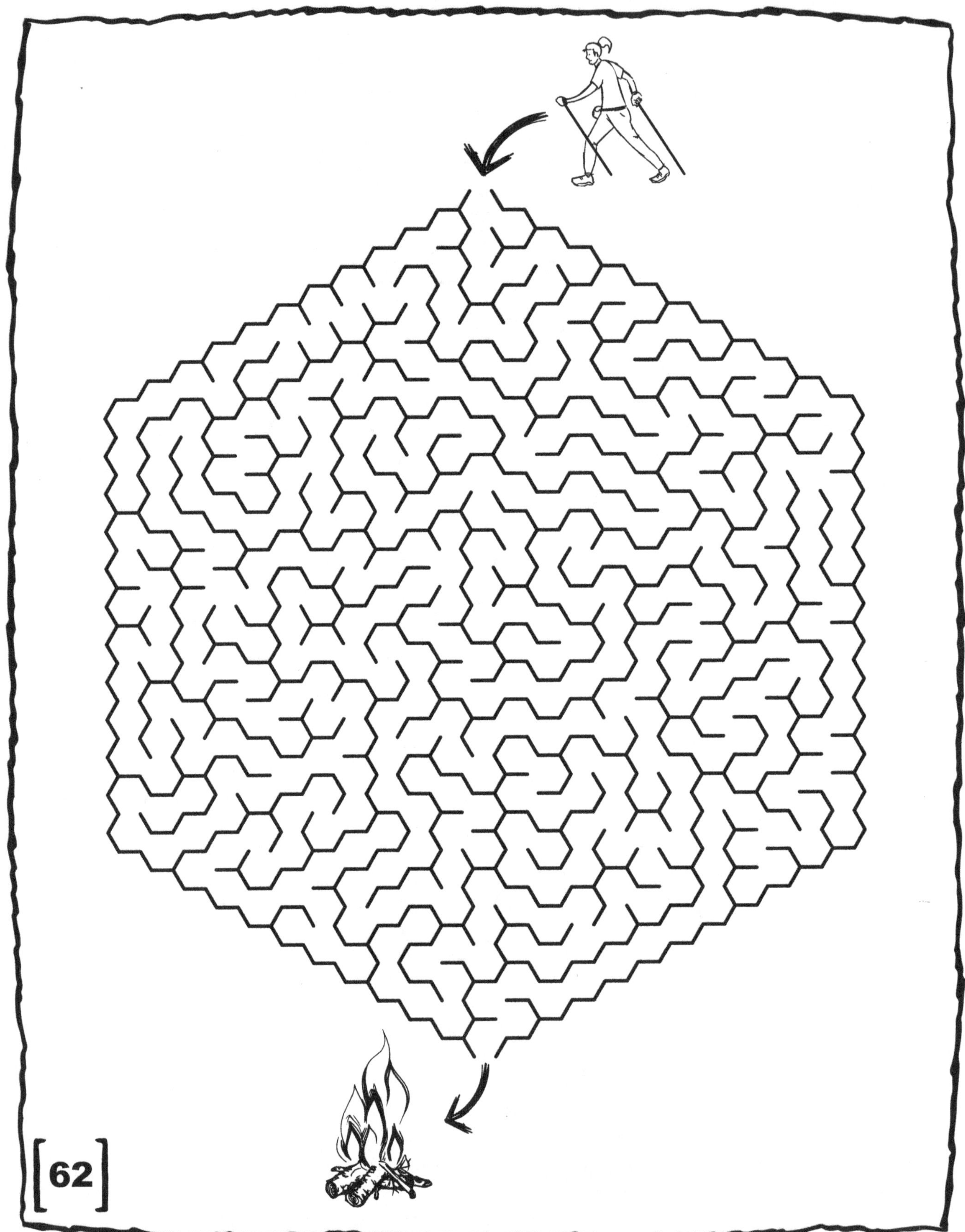

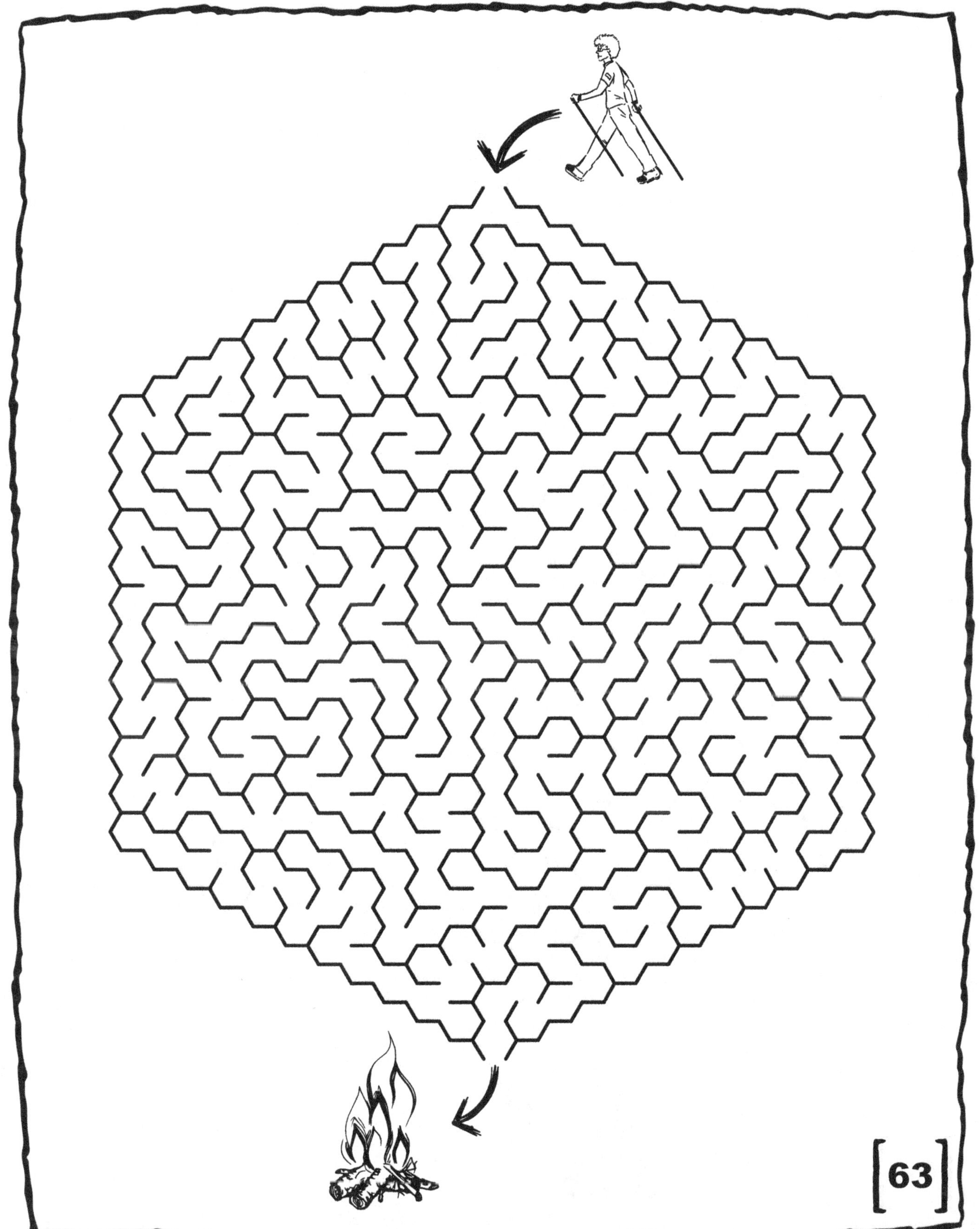

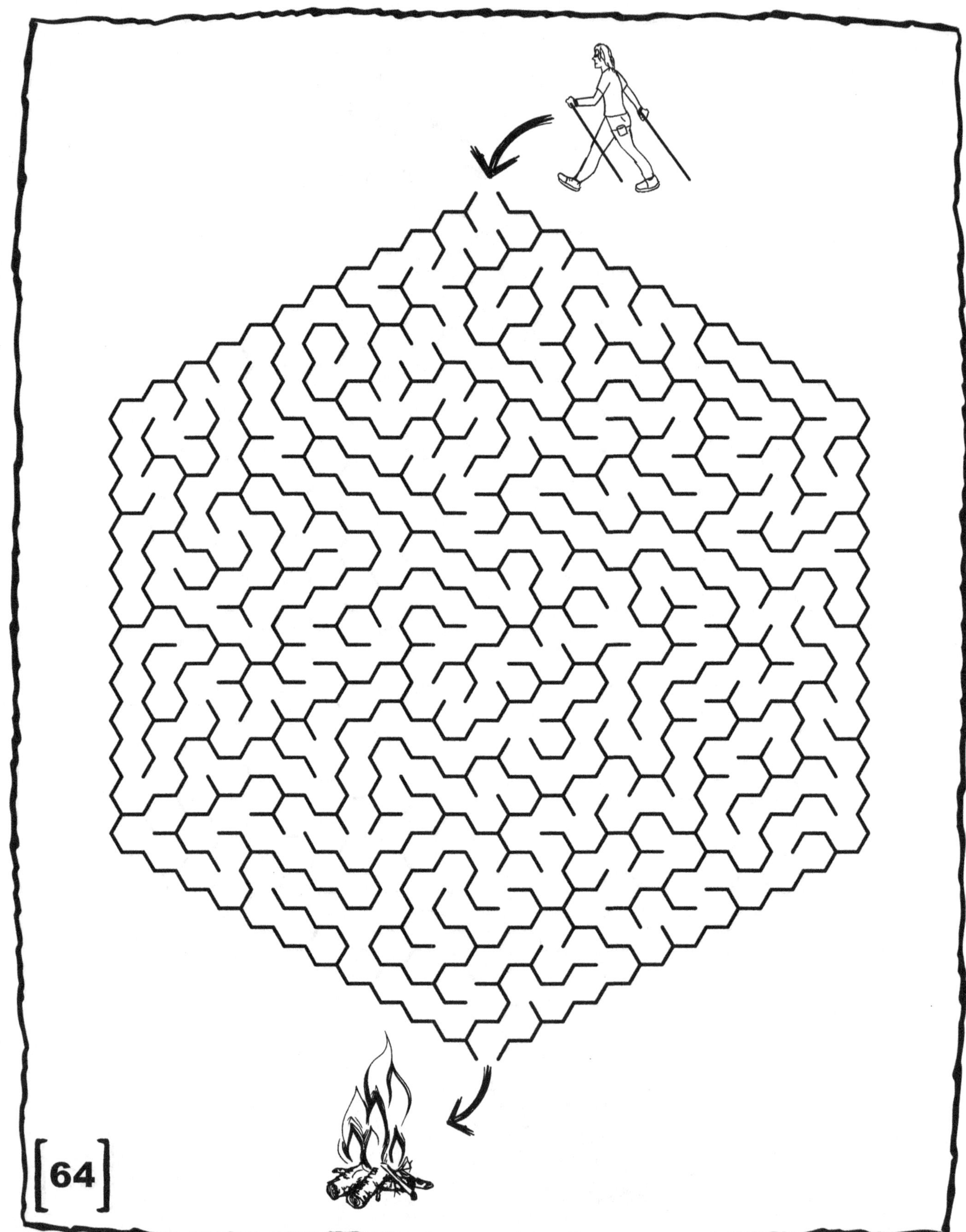

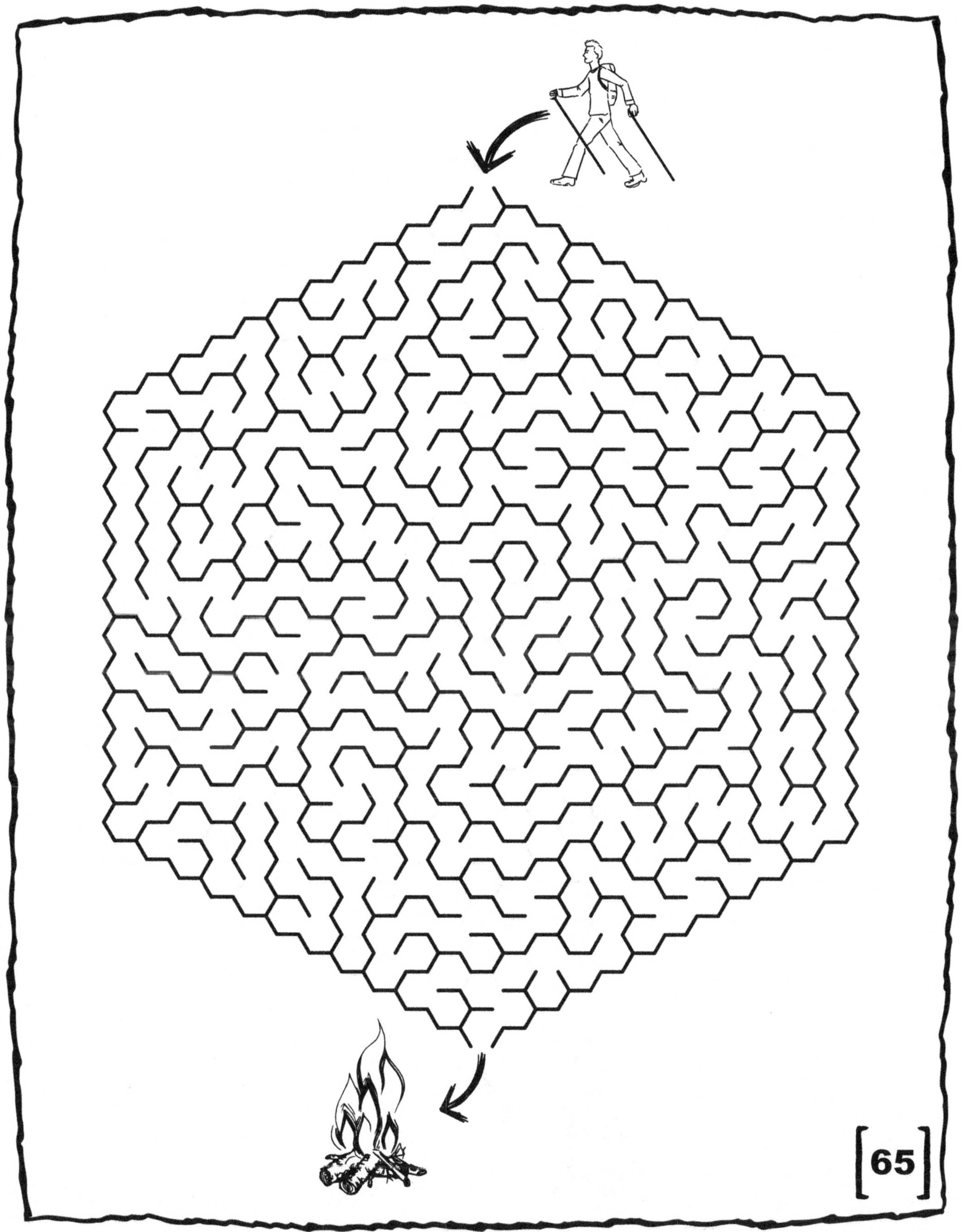

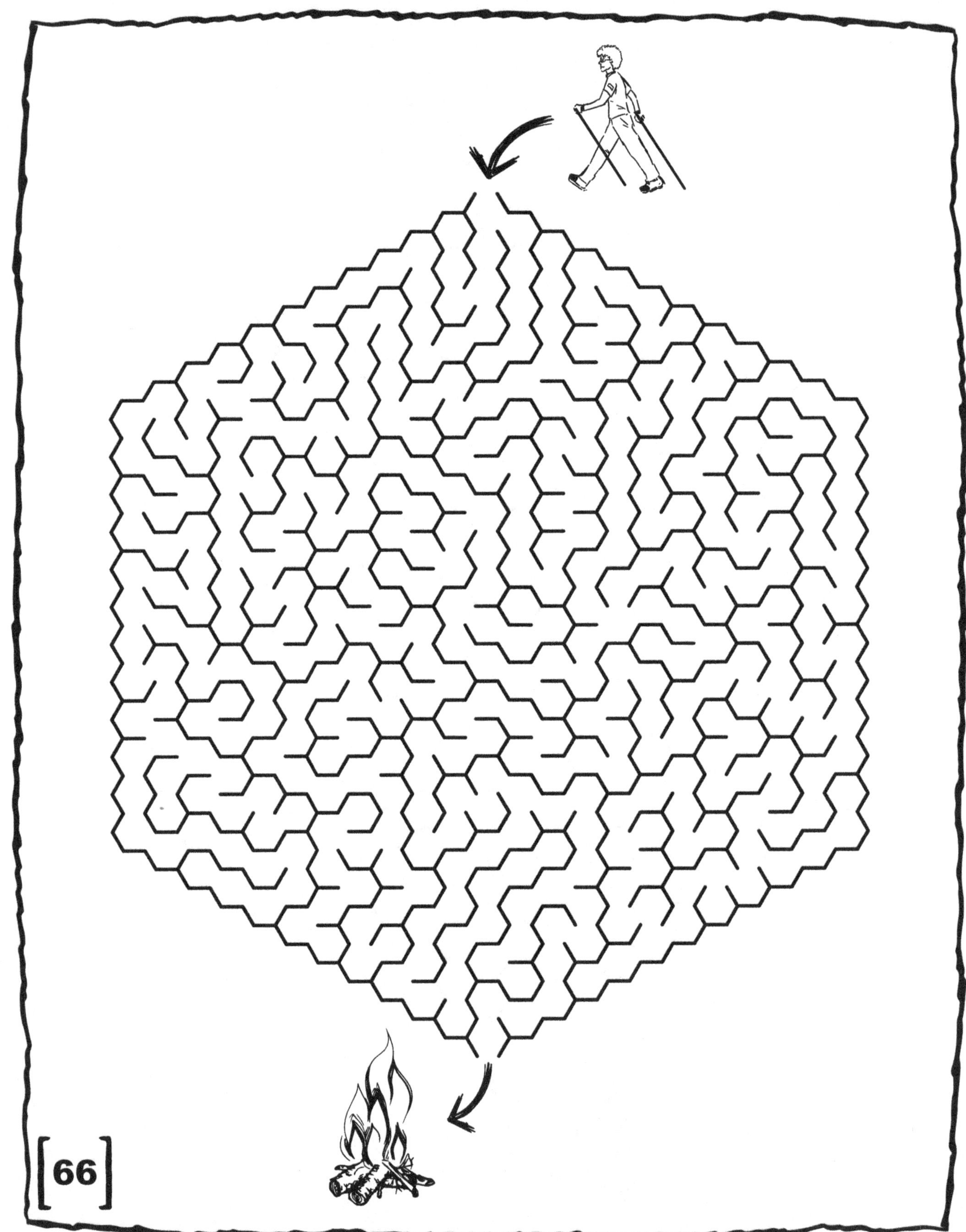

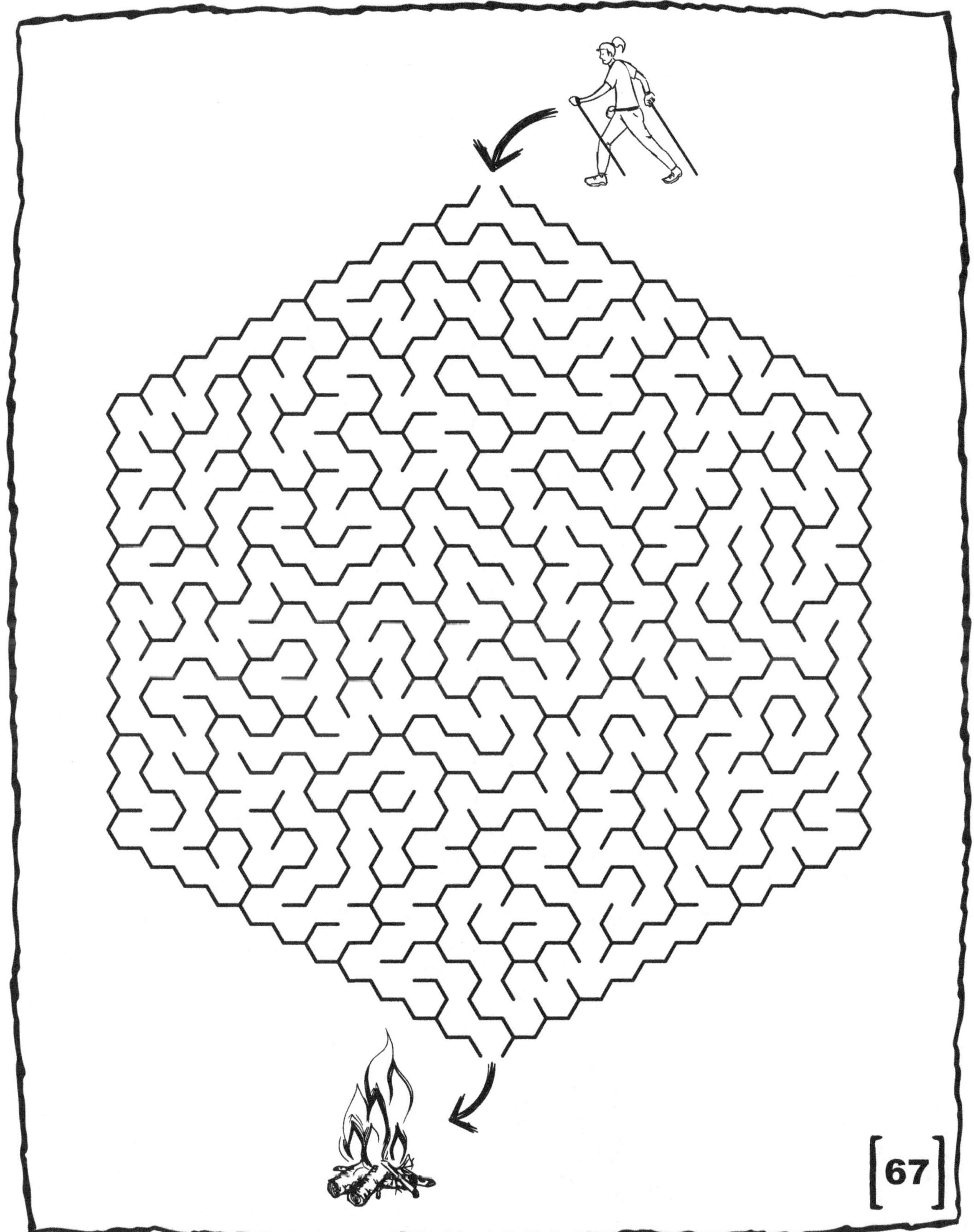

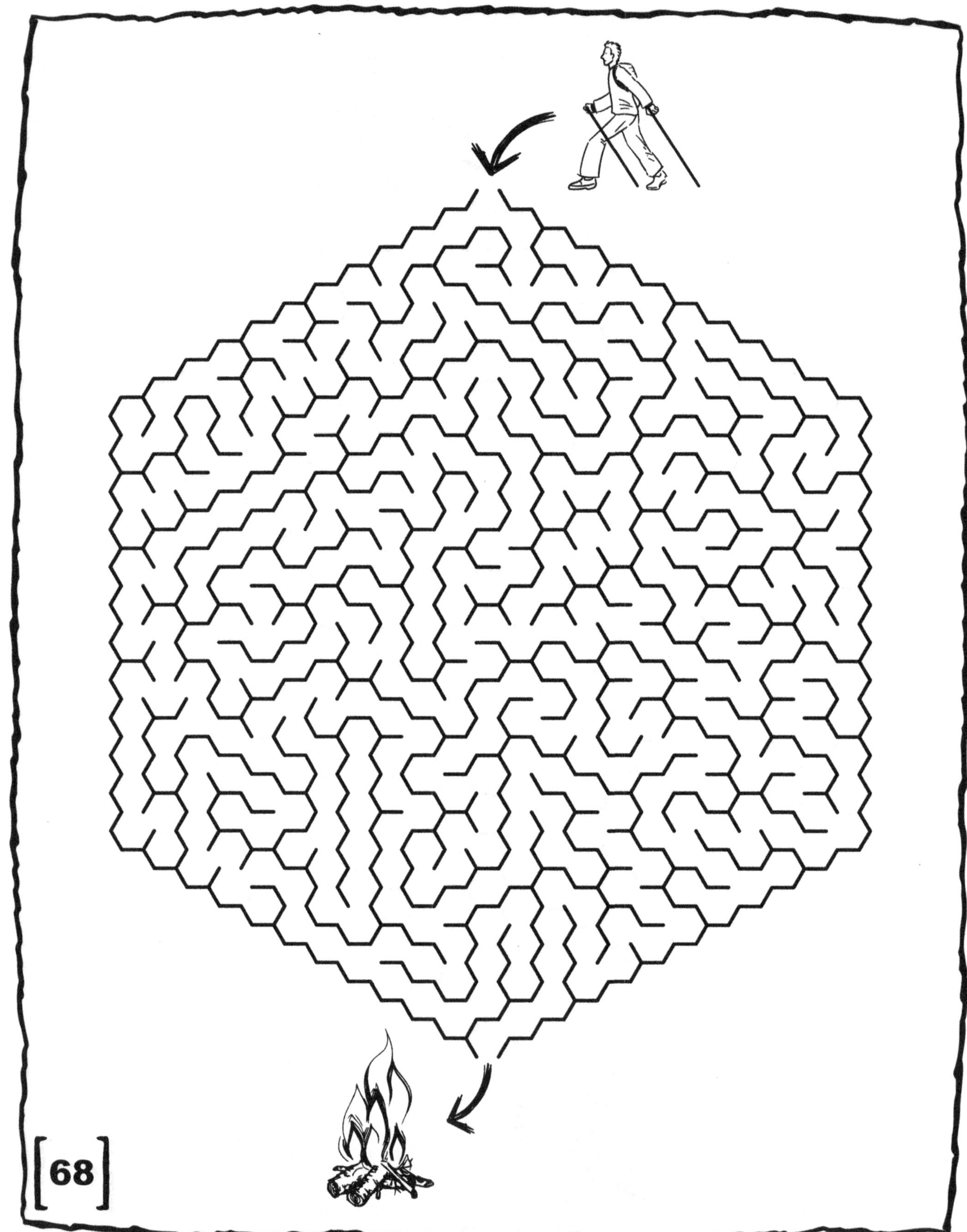

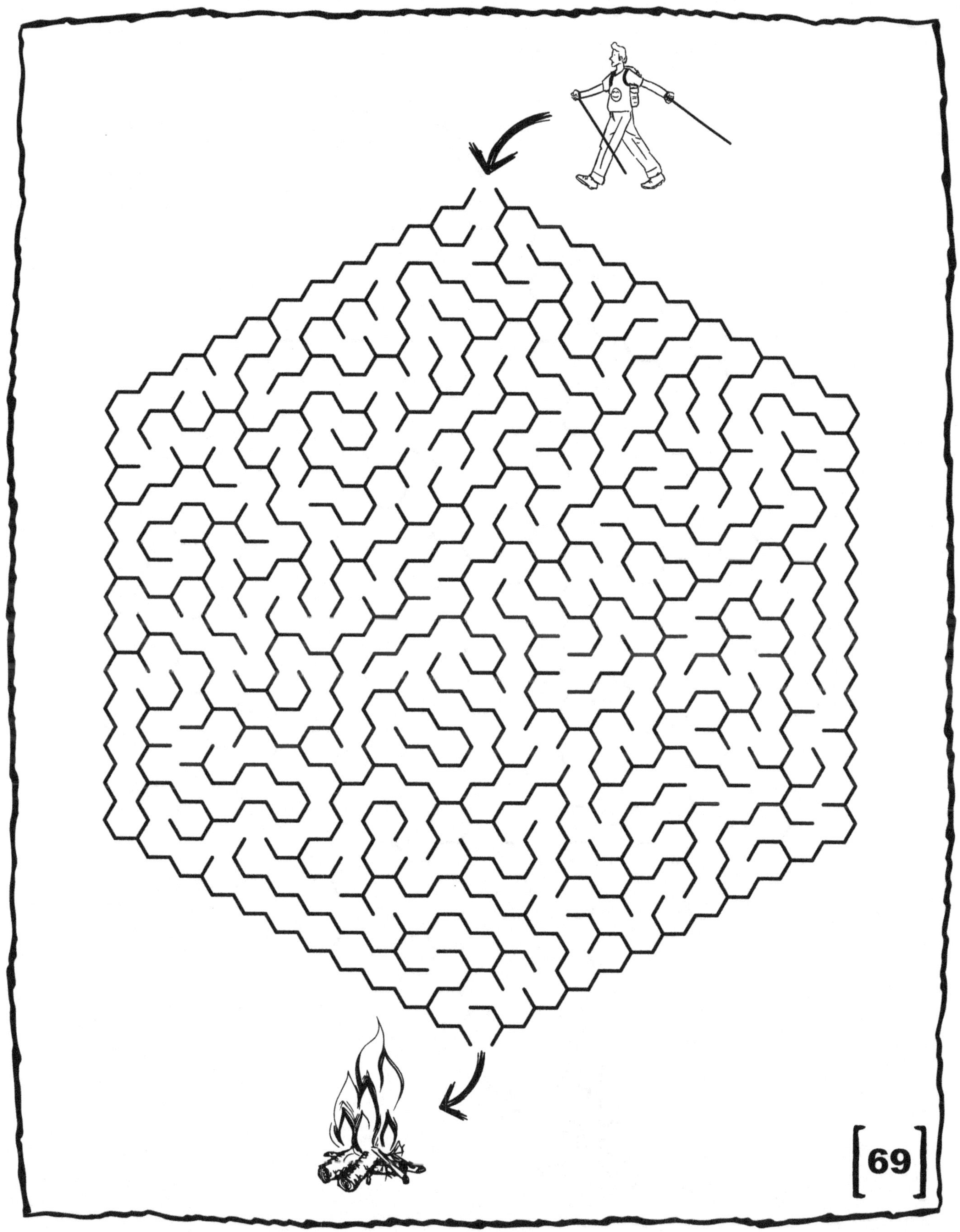

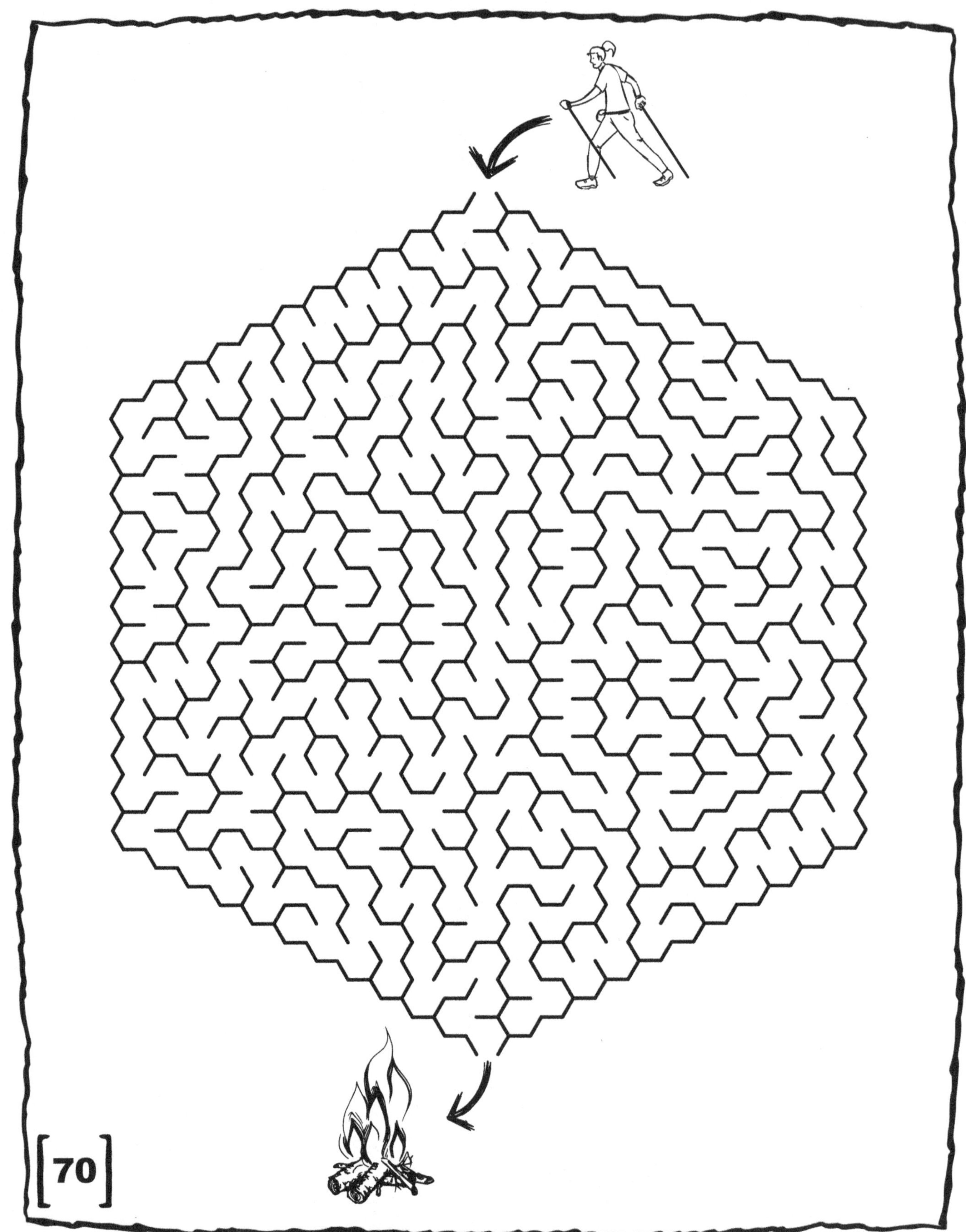

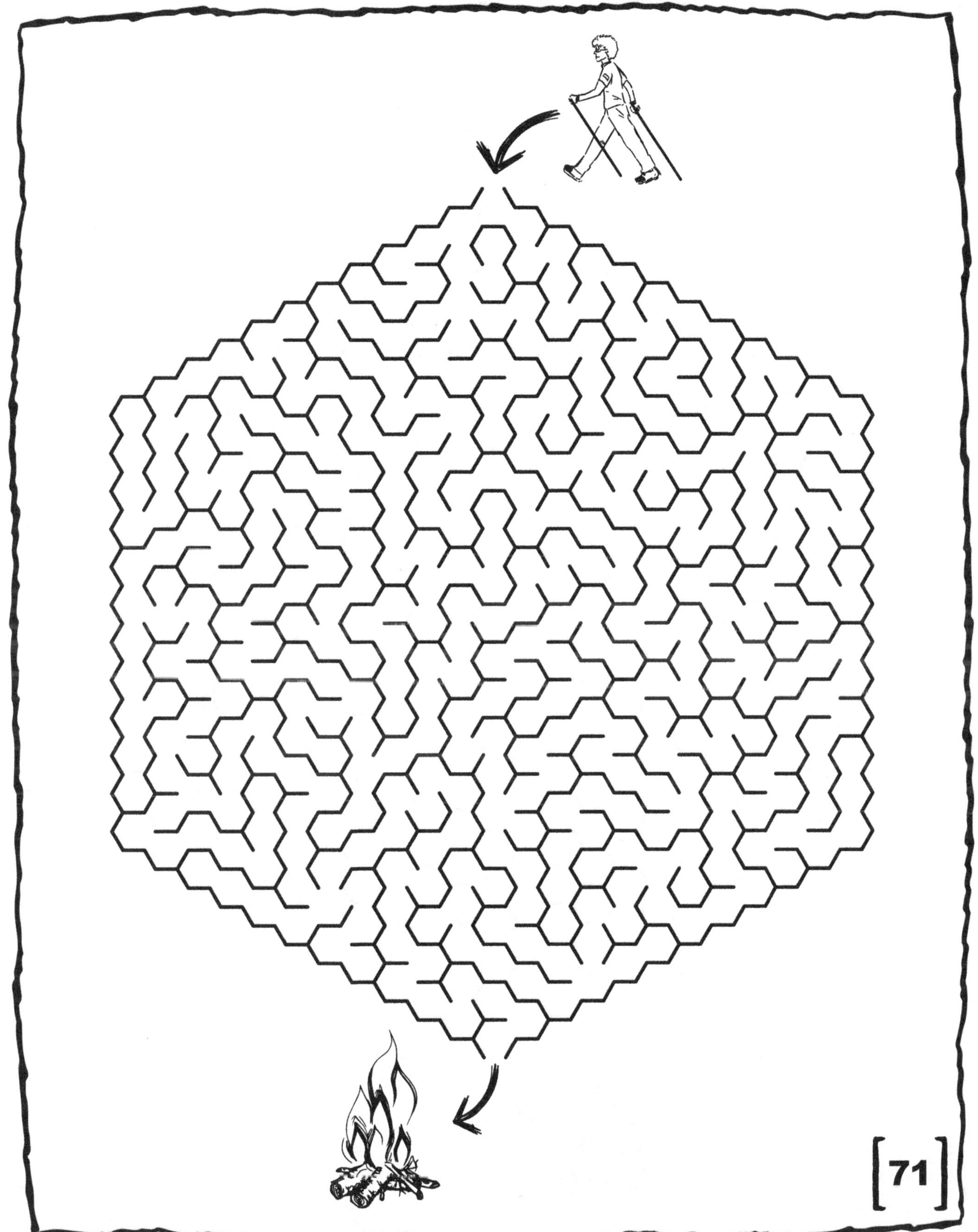

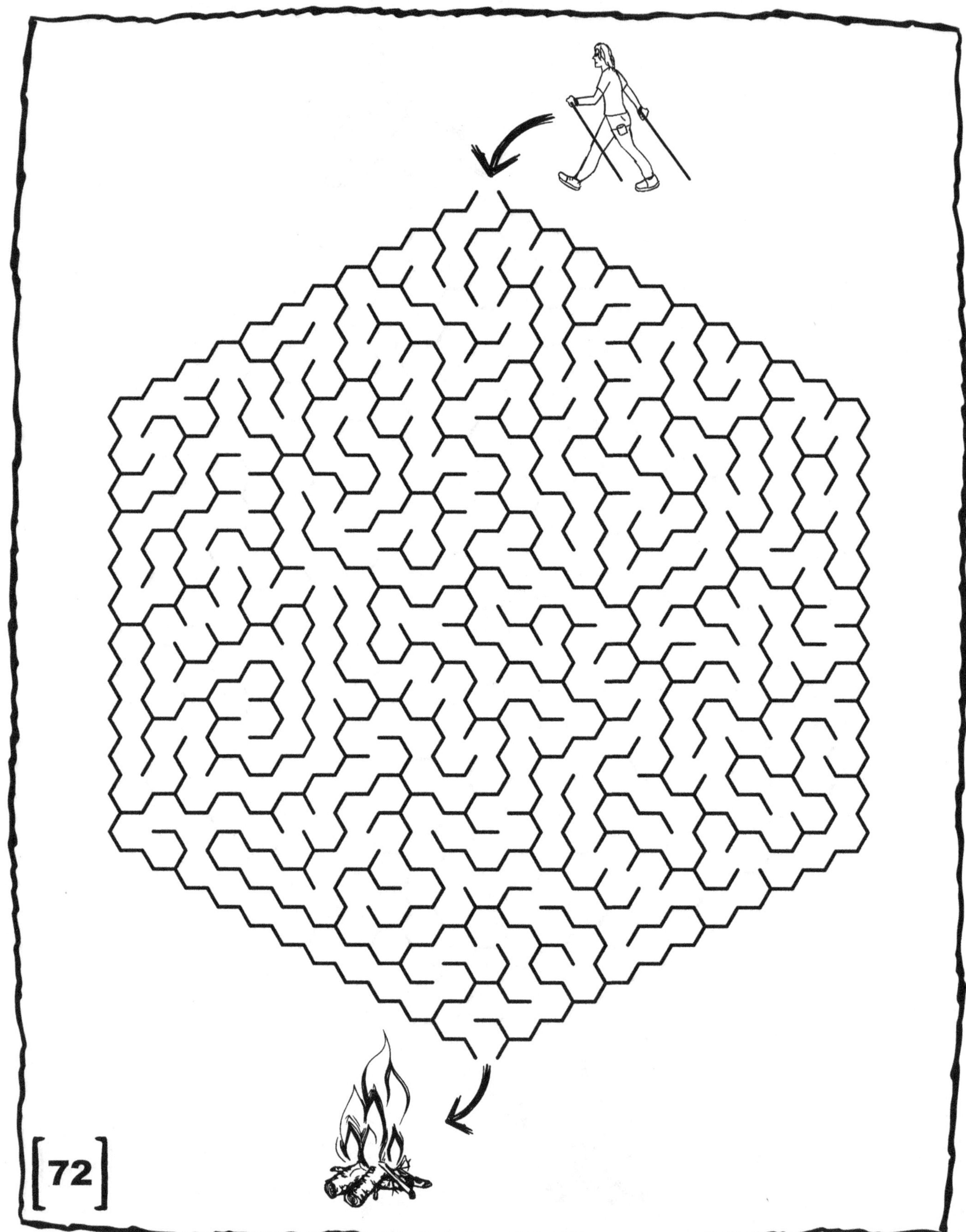

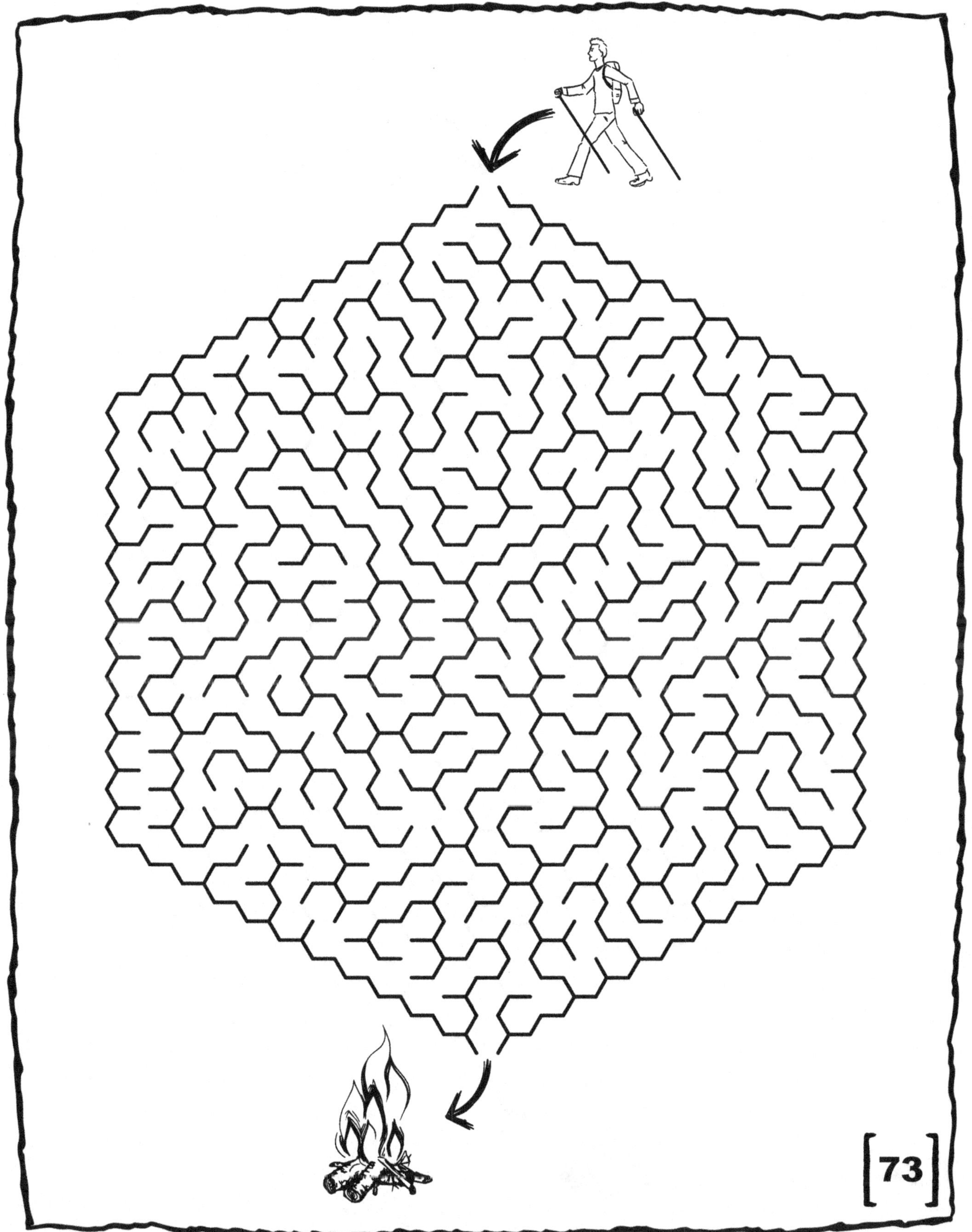

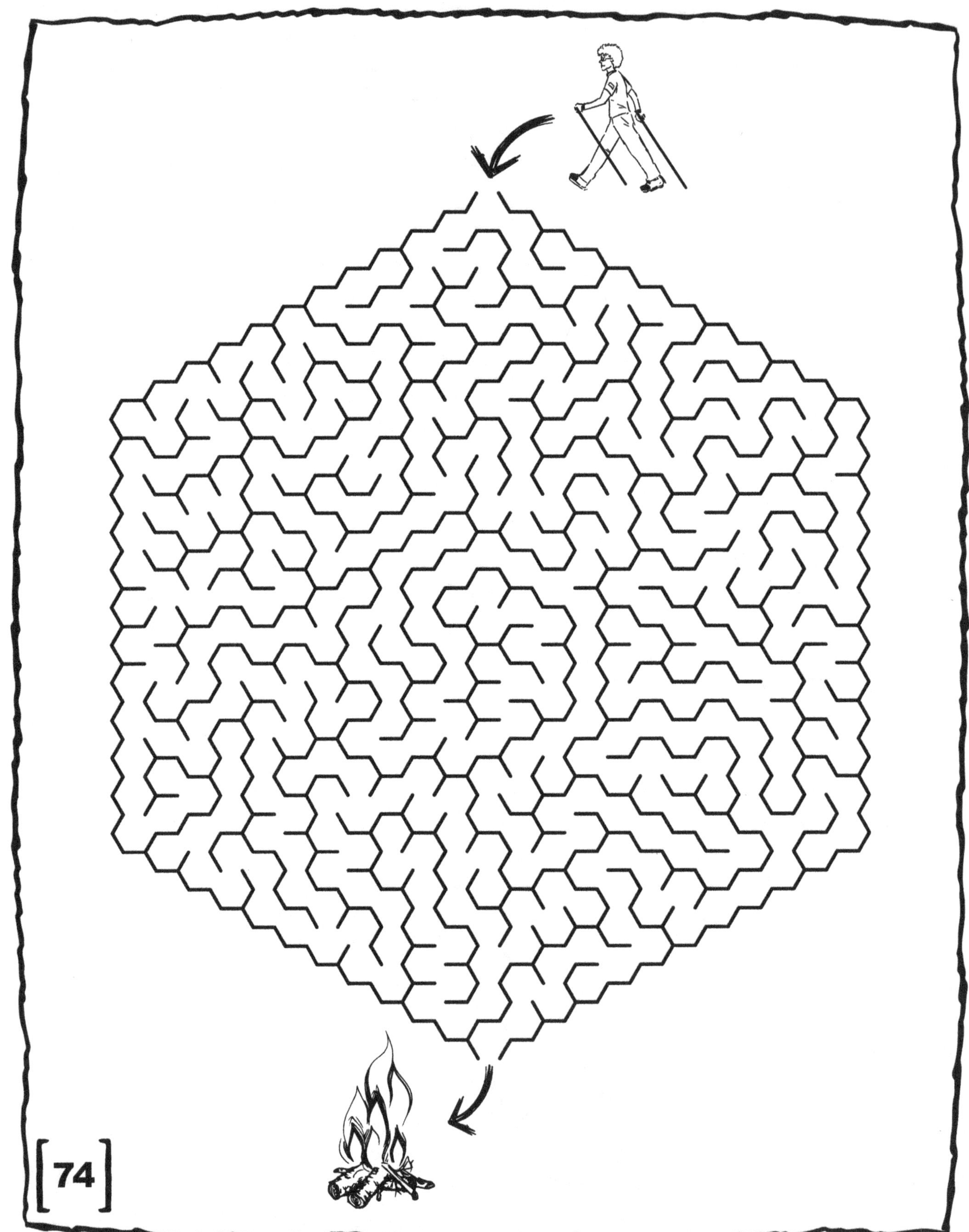

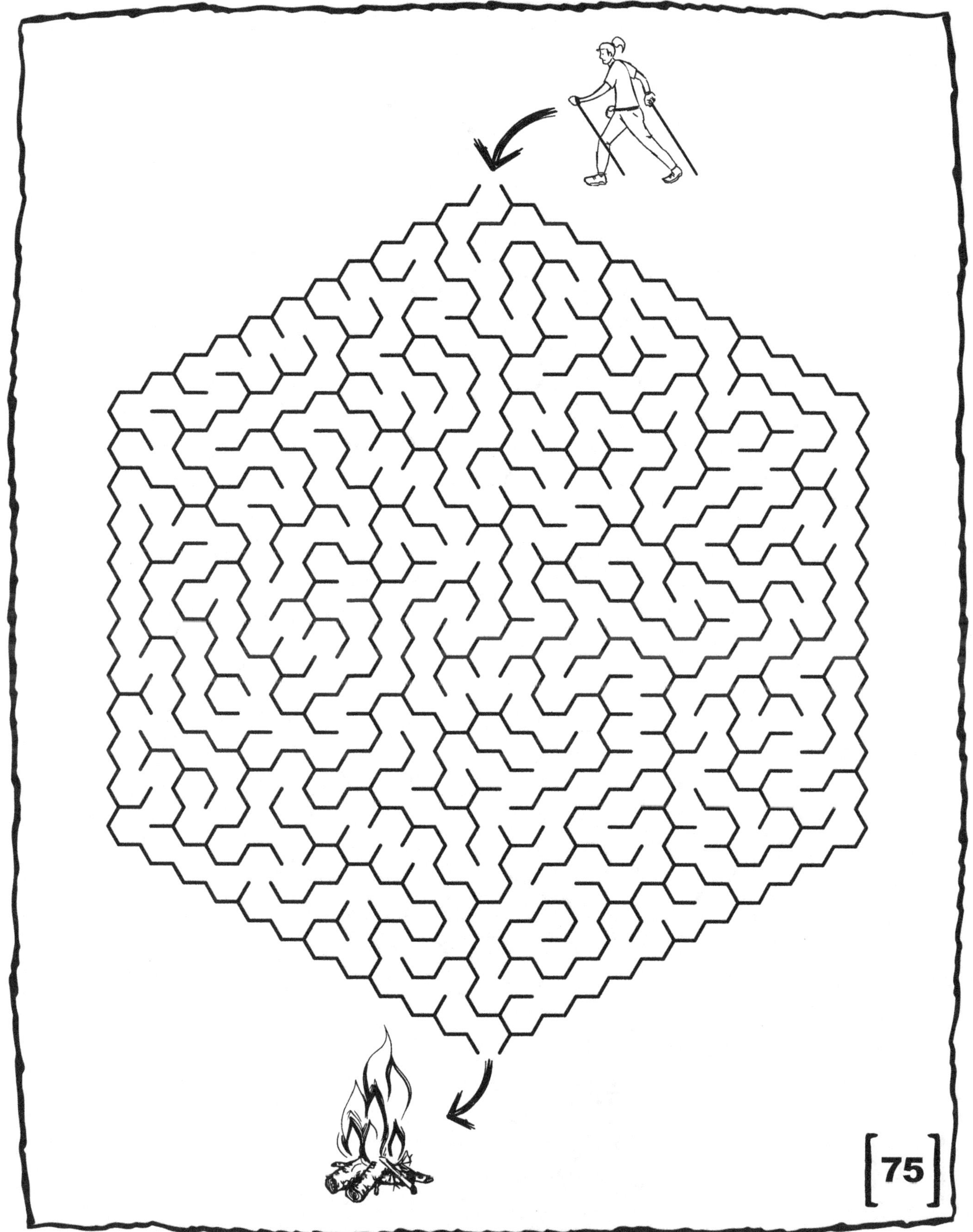

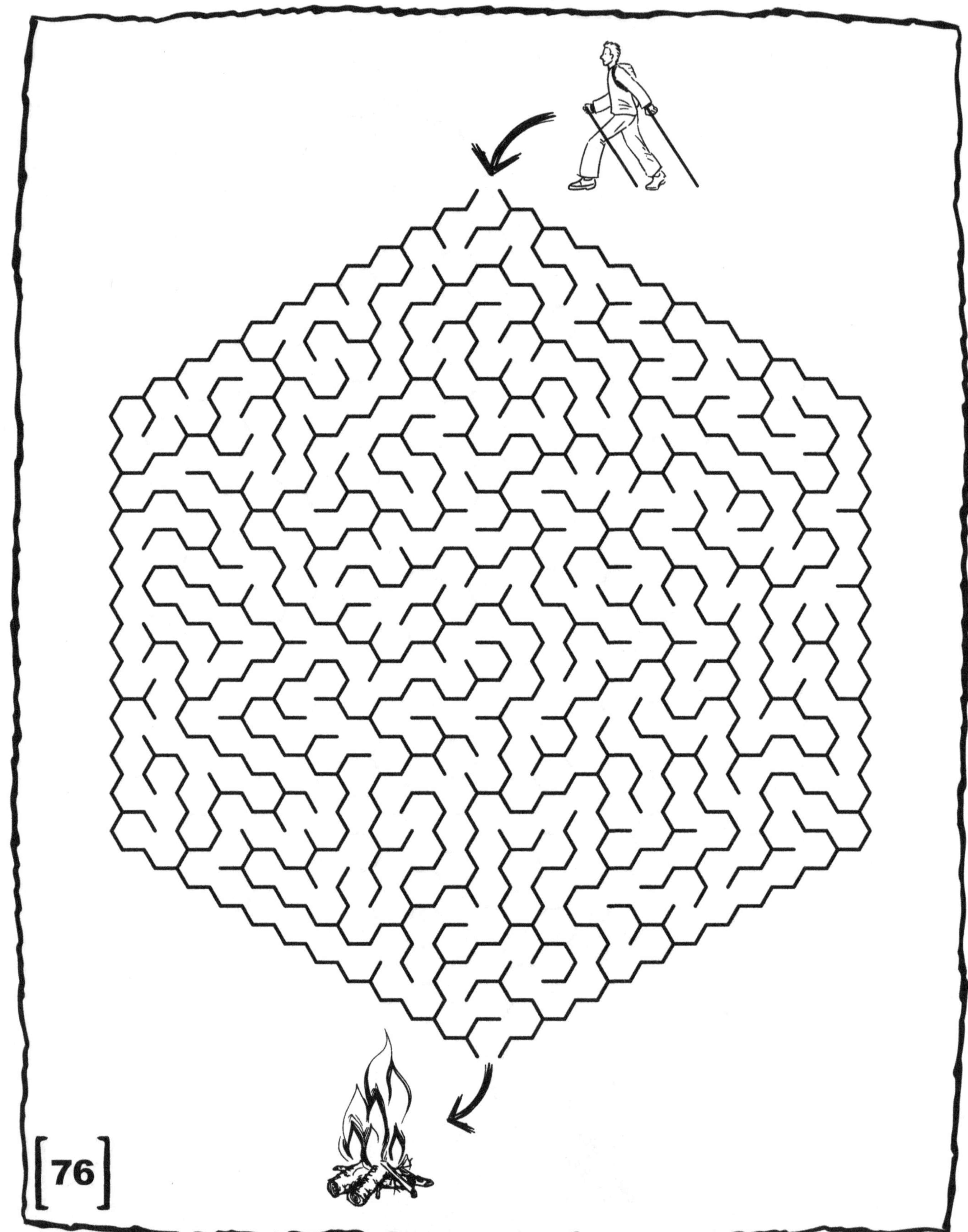

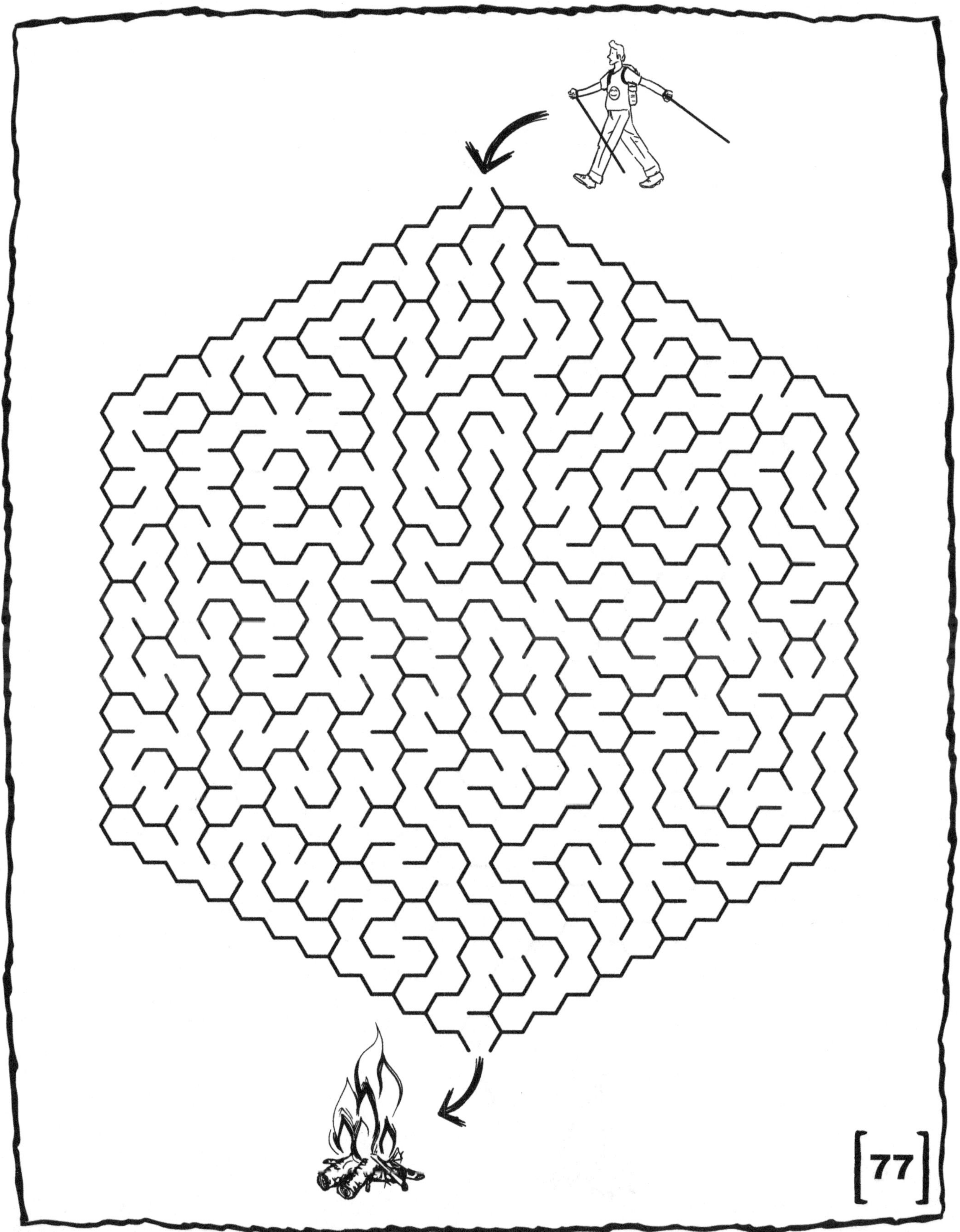

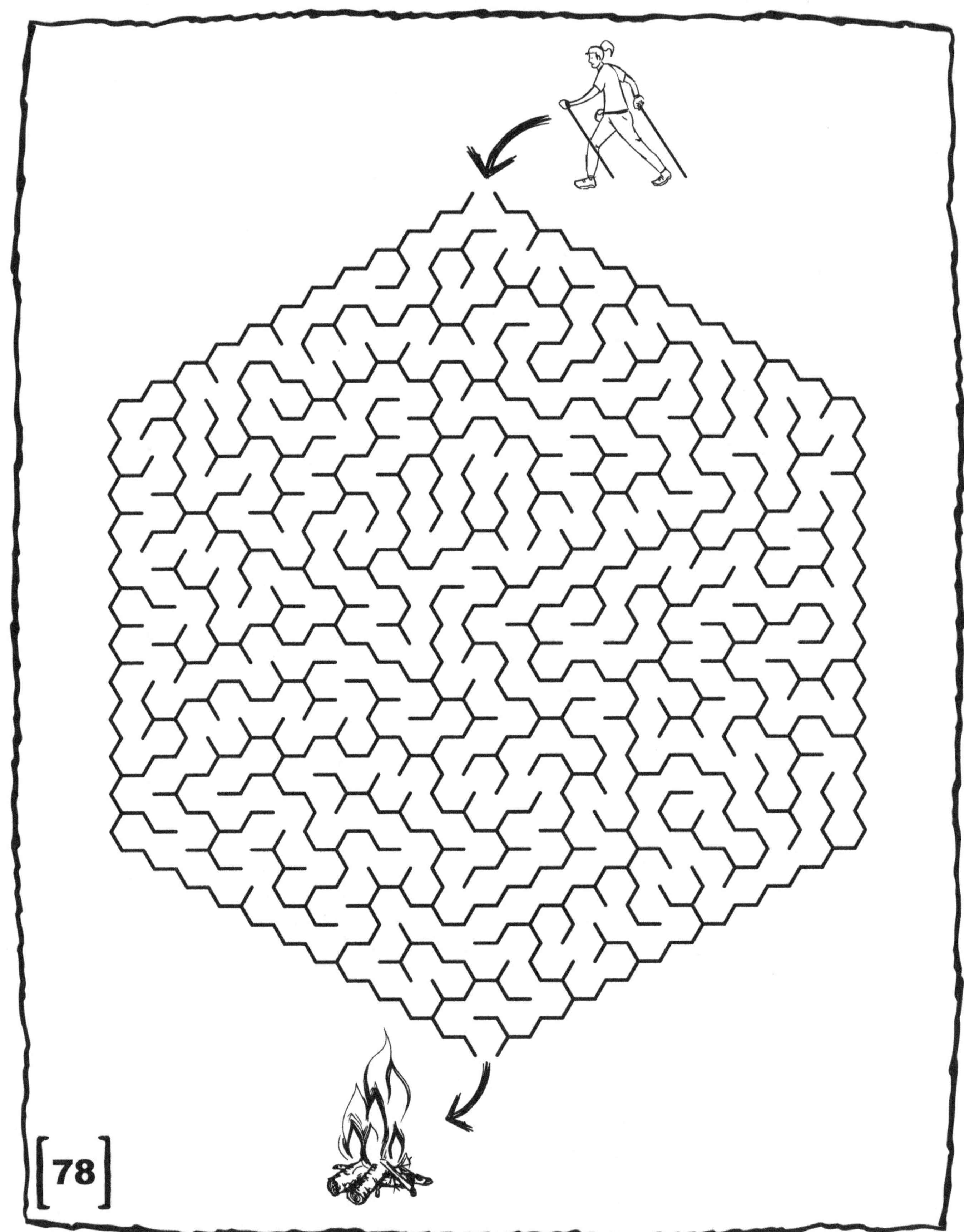

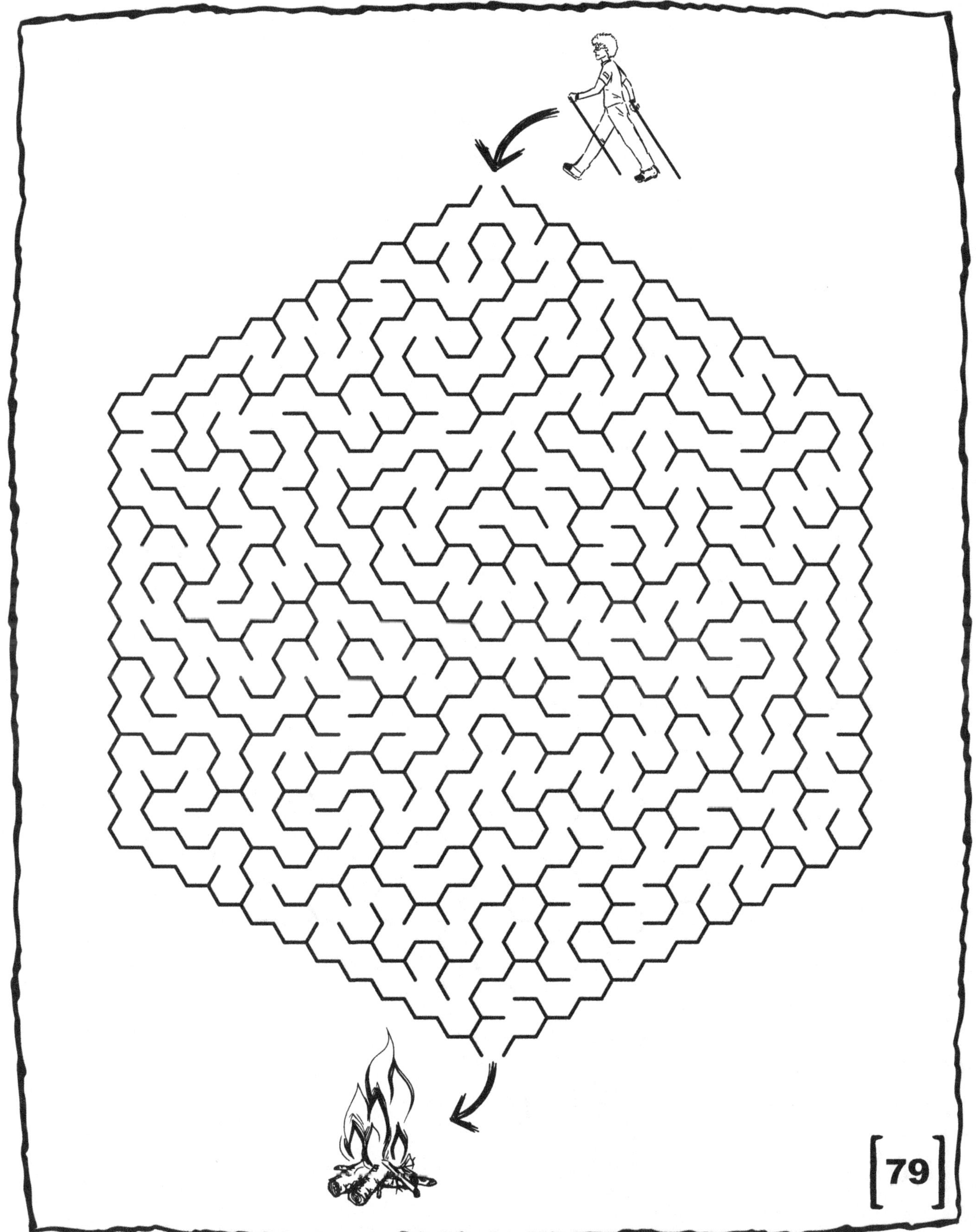

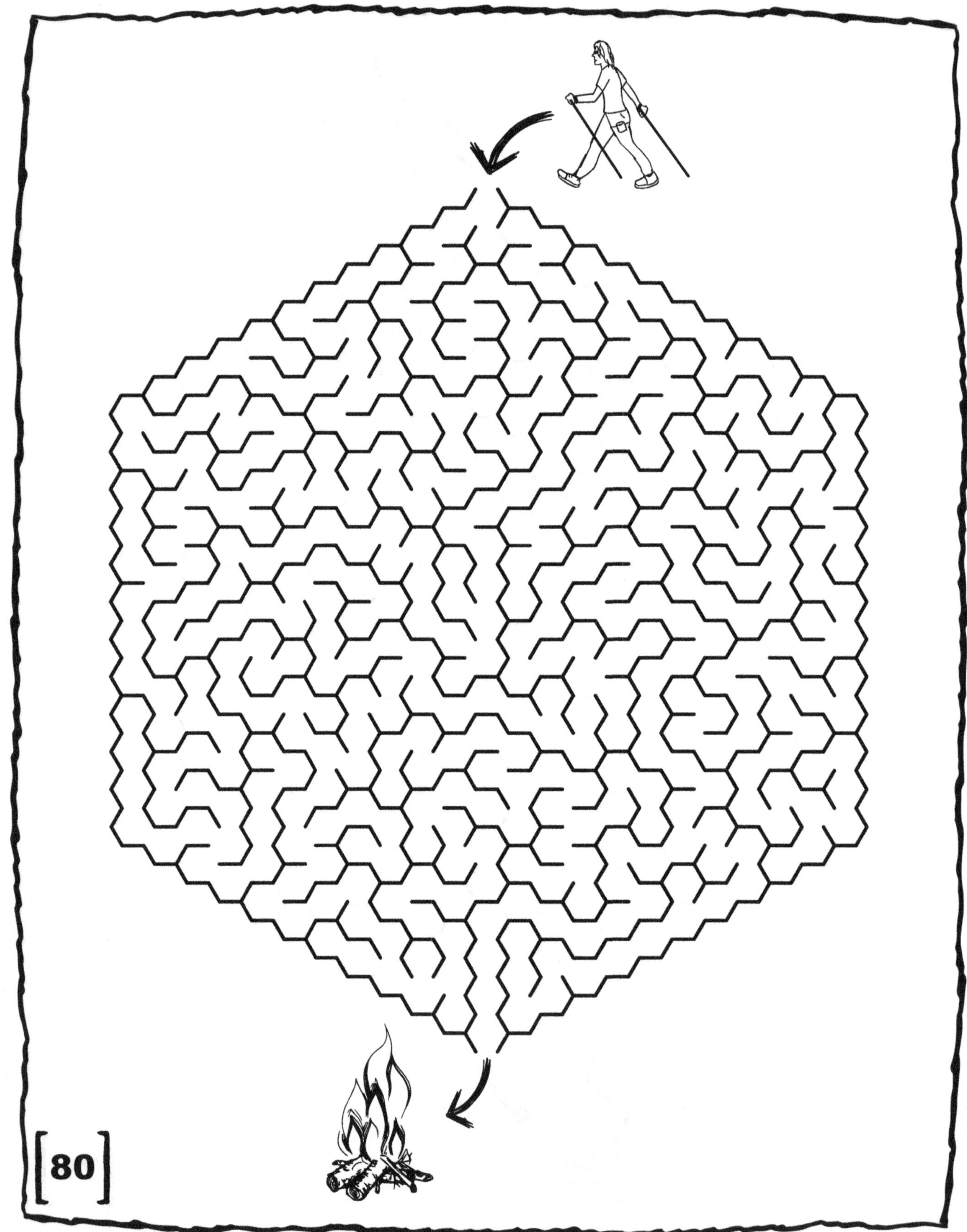

80

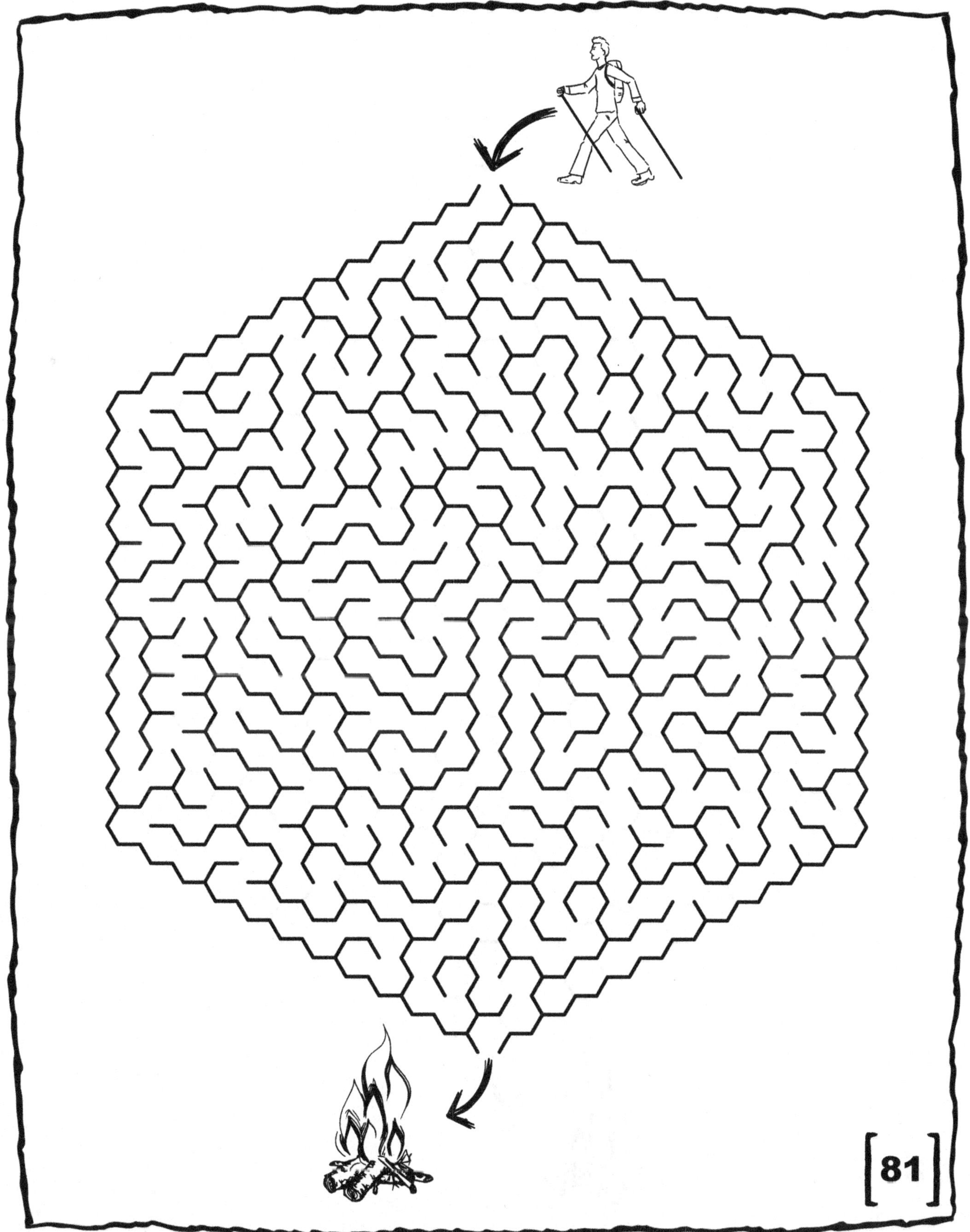

[81]

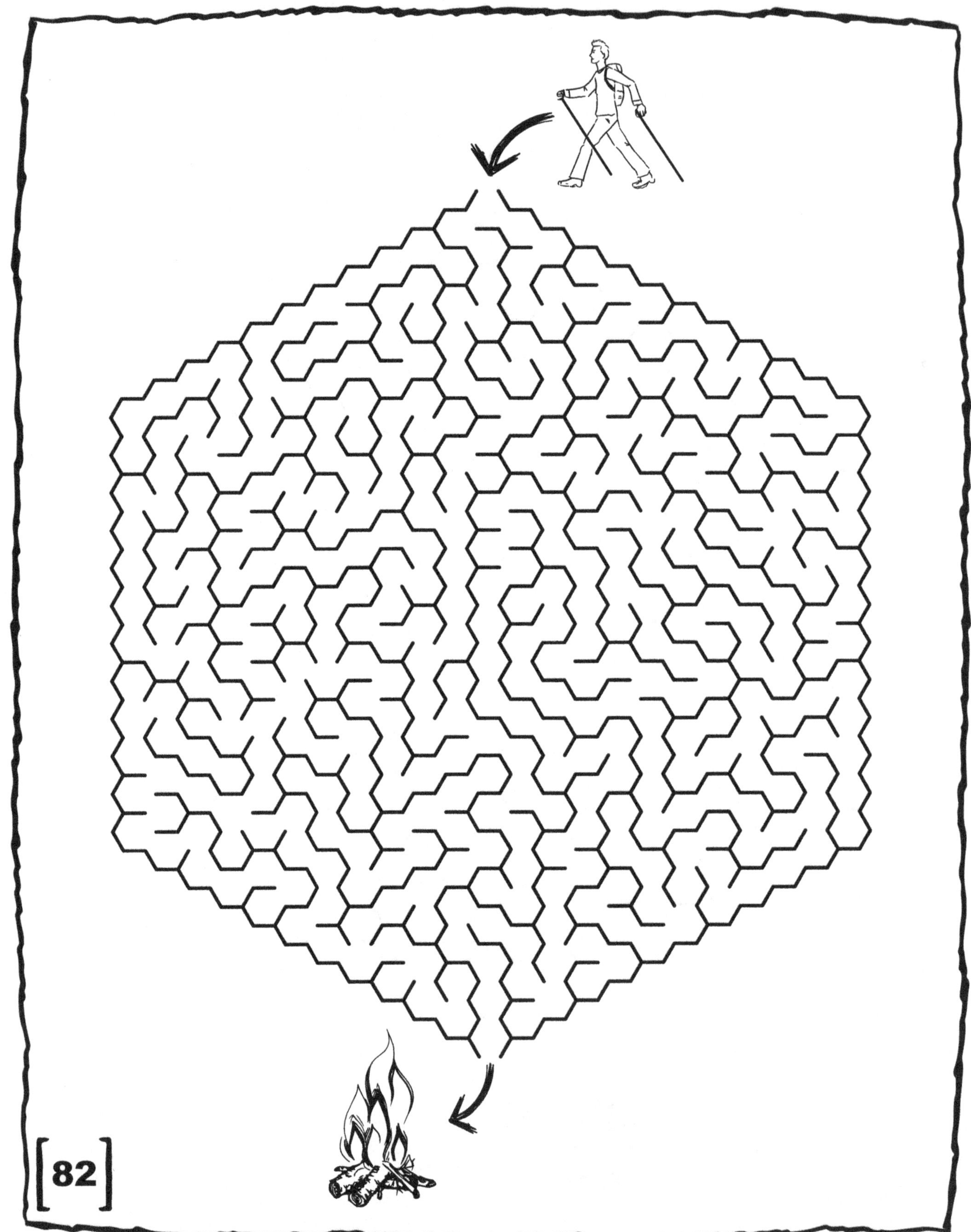

[82]

1

2

3

4

5

6

7

8

9
10
11
12

13

14

15

16

17

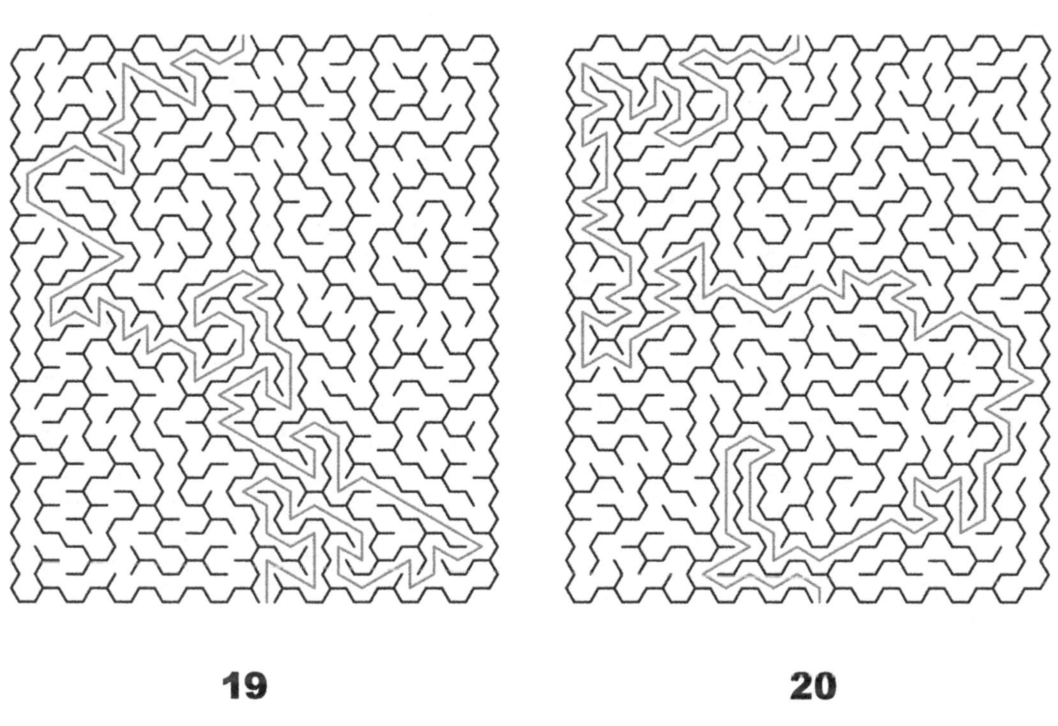

18

19

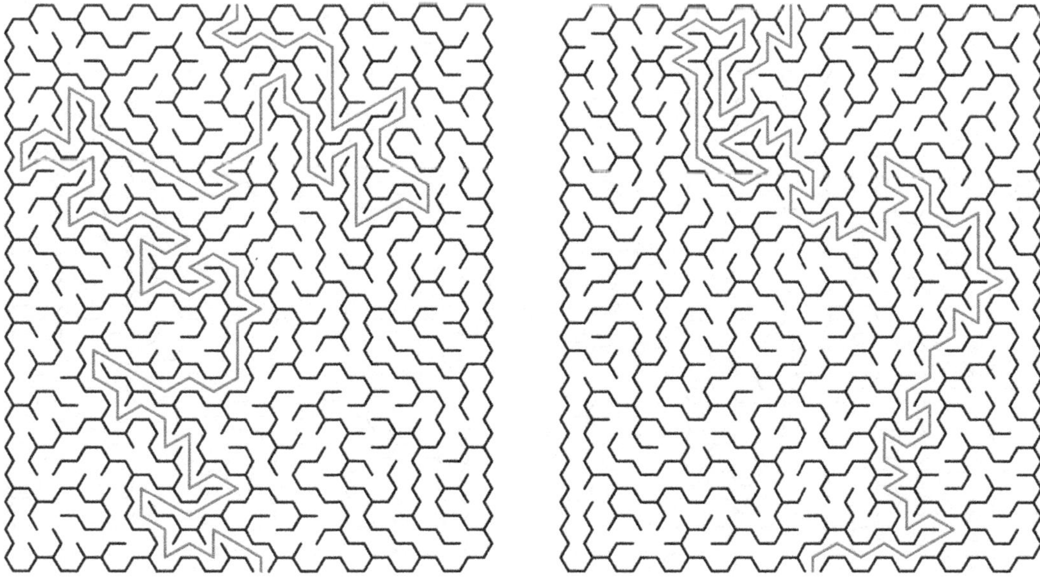

20

21

22

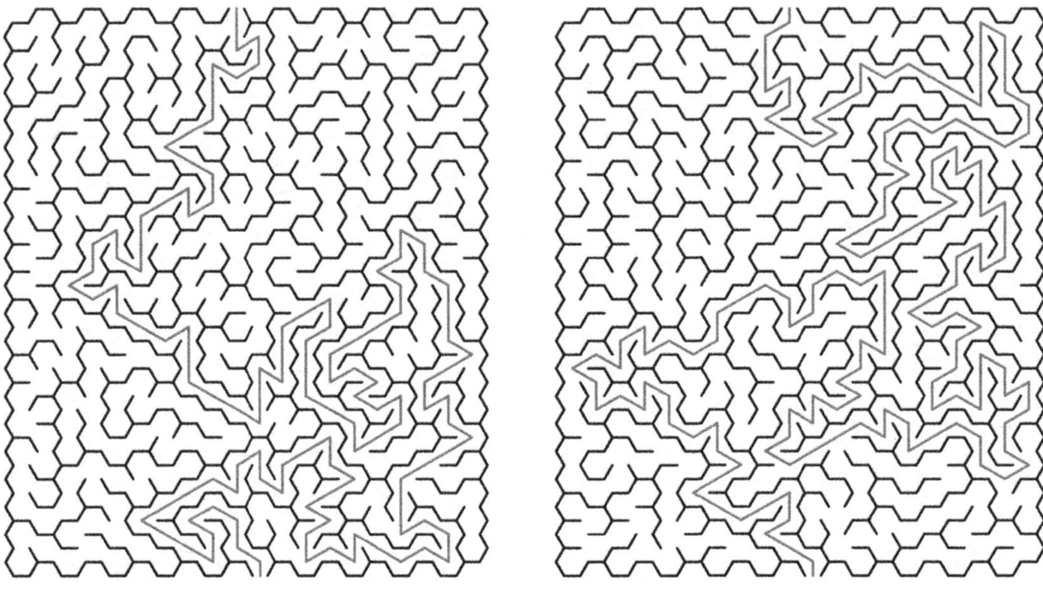

23

24

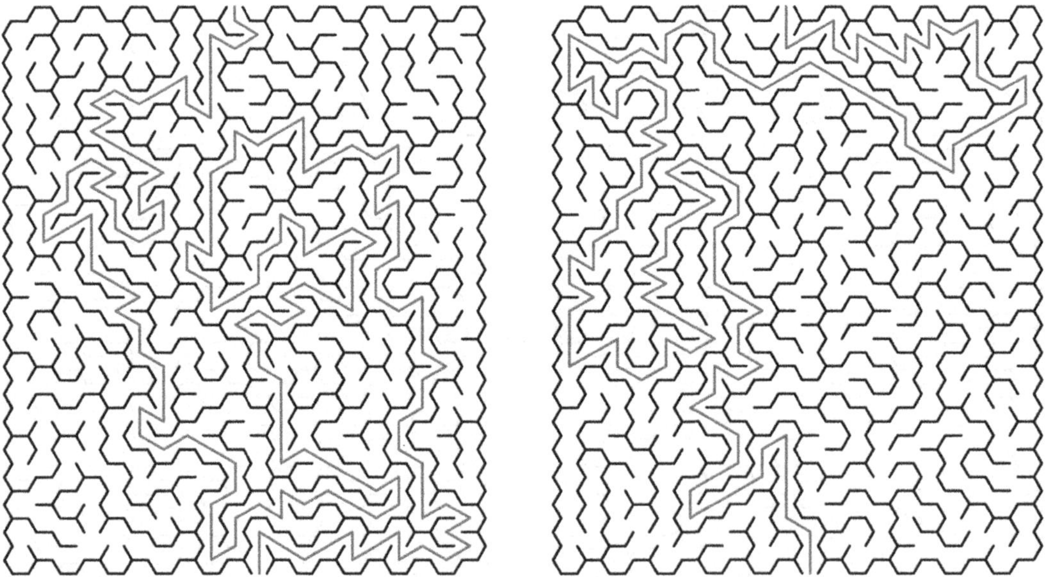

25

26

27

28

29

30

31

32

33

34

35

36

37

38

39

40

41

42

43

44

45

46

47

48

49

50

51

52

53

54

55

56

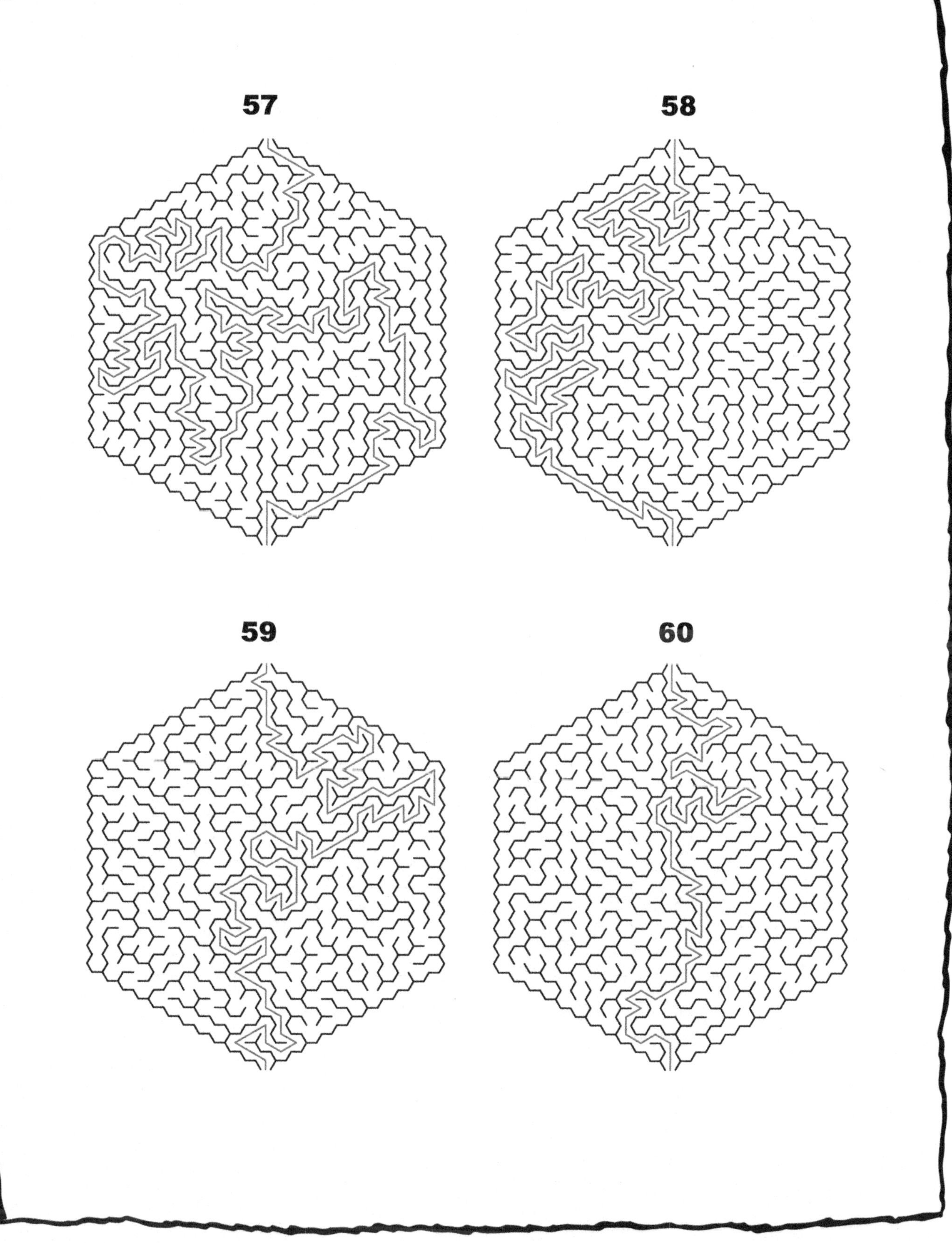
57
58
59
60

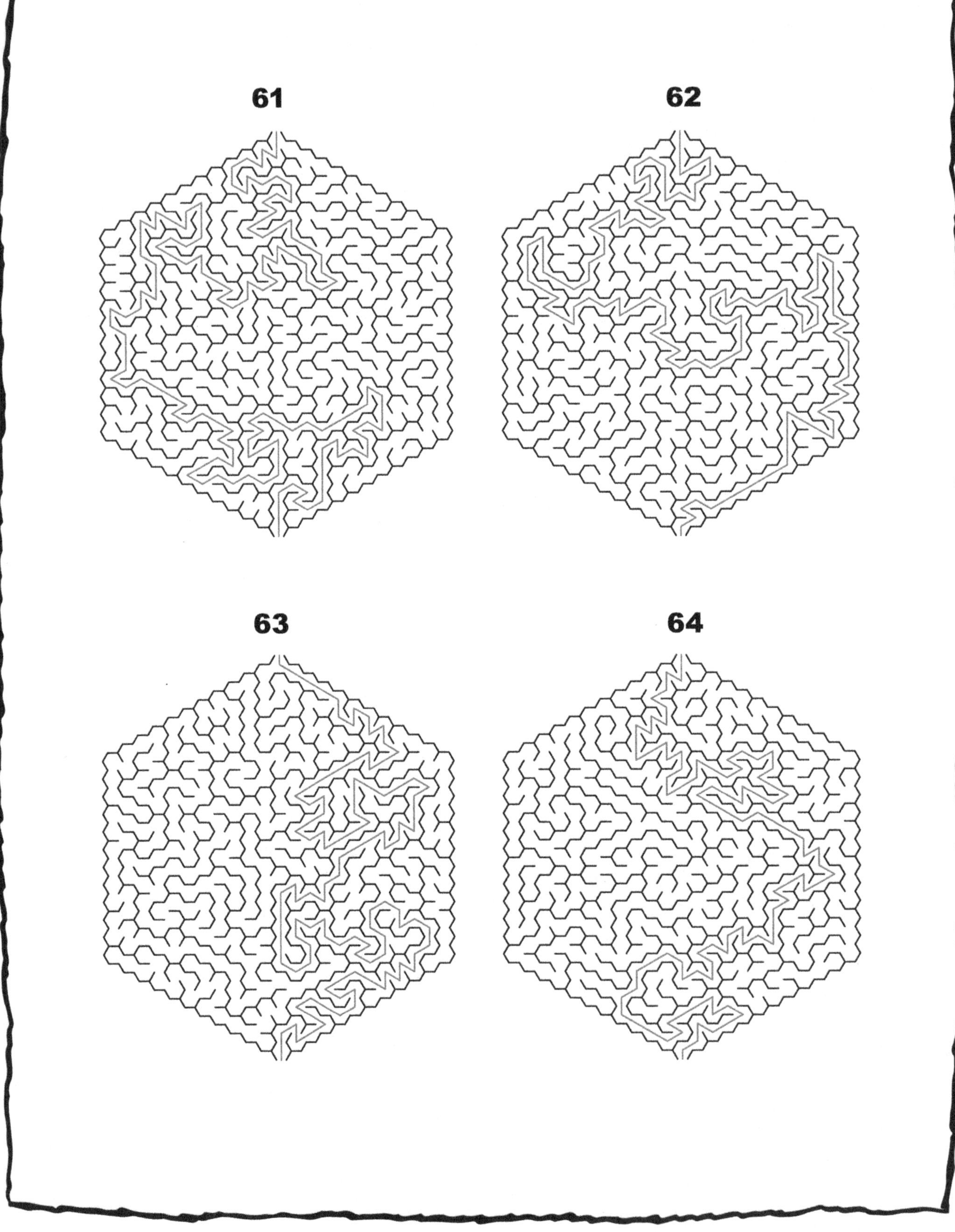

61
62
63
64

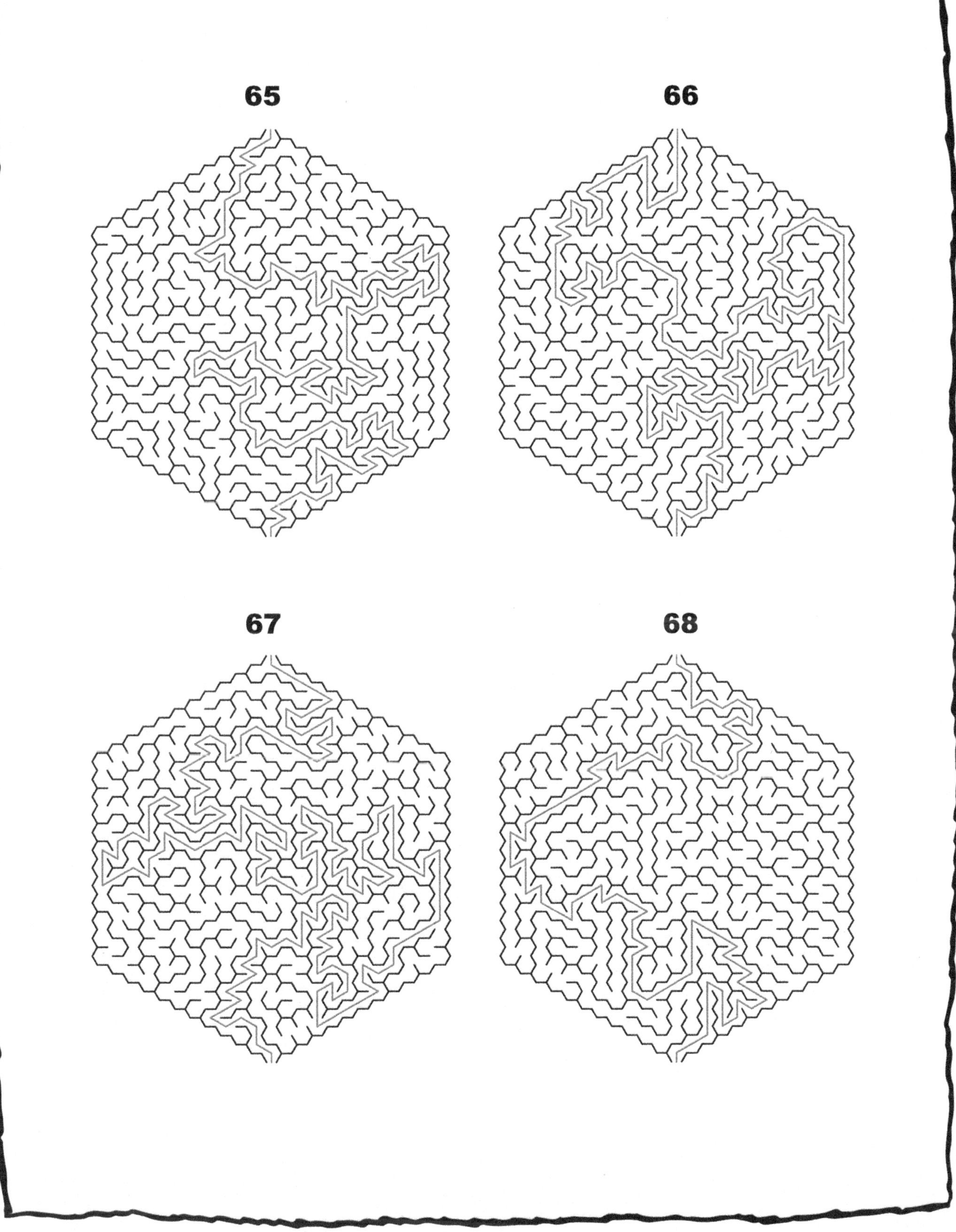

65

66

67

68

69

70

71

72

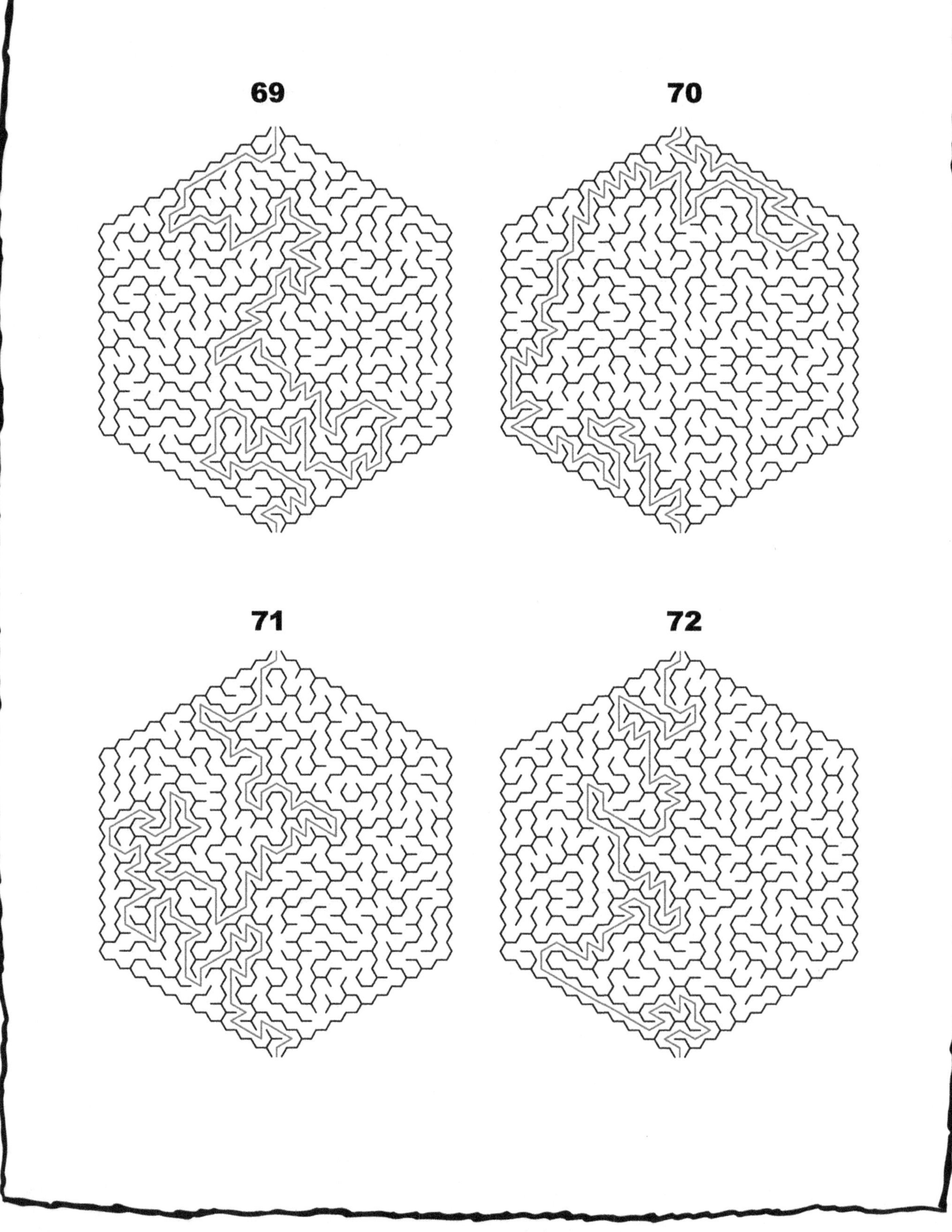

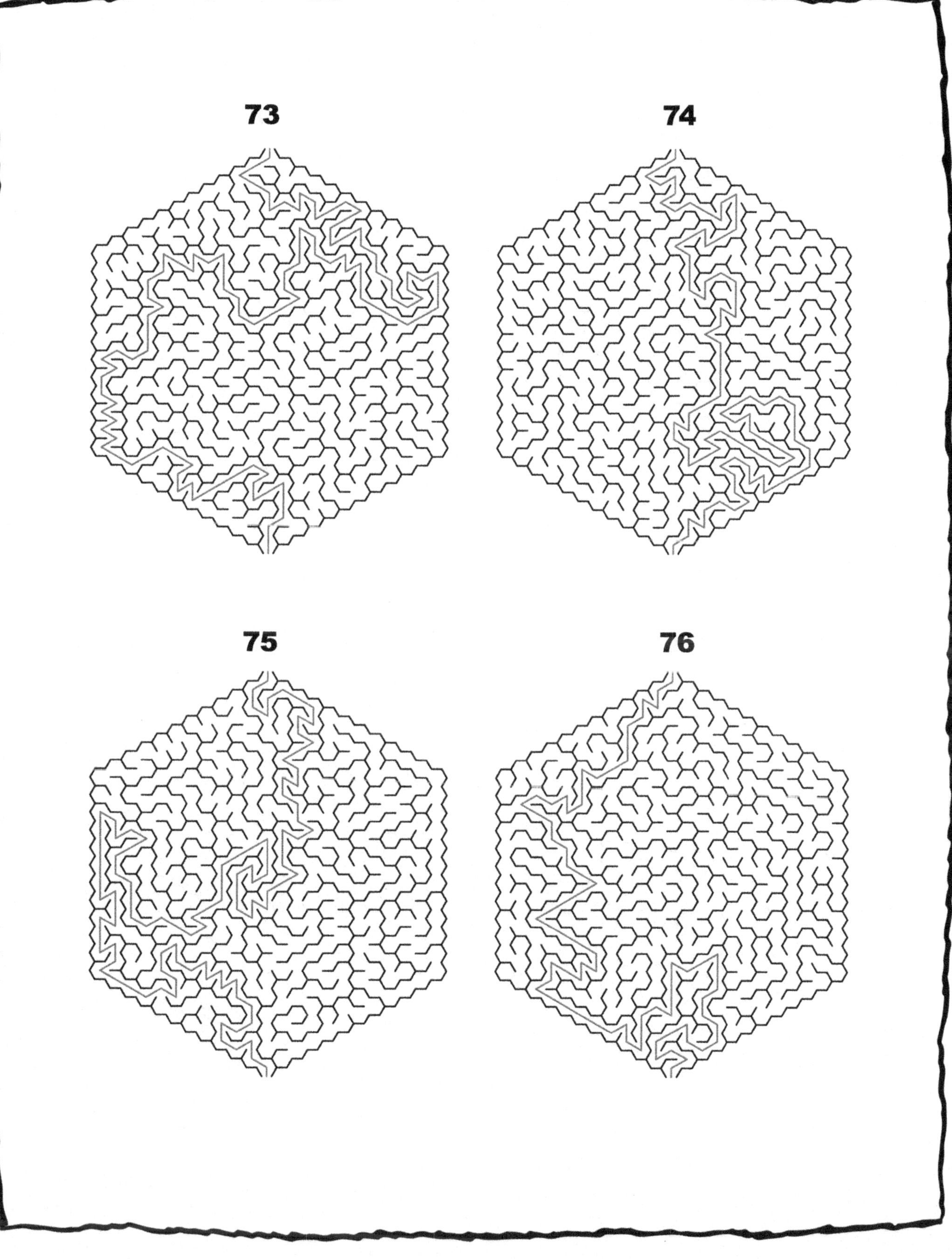
73
74
75
76

77

78

79

80

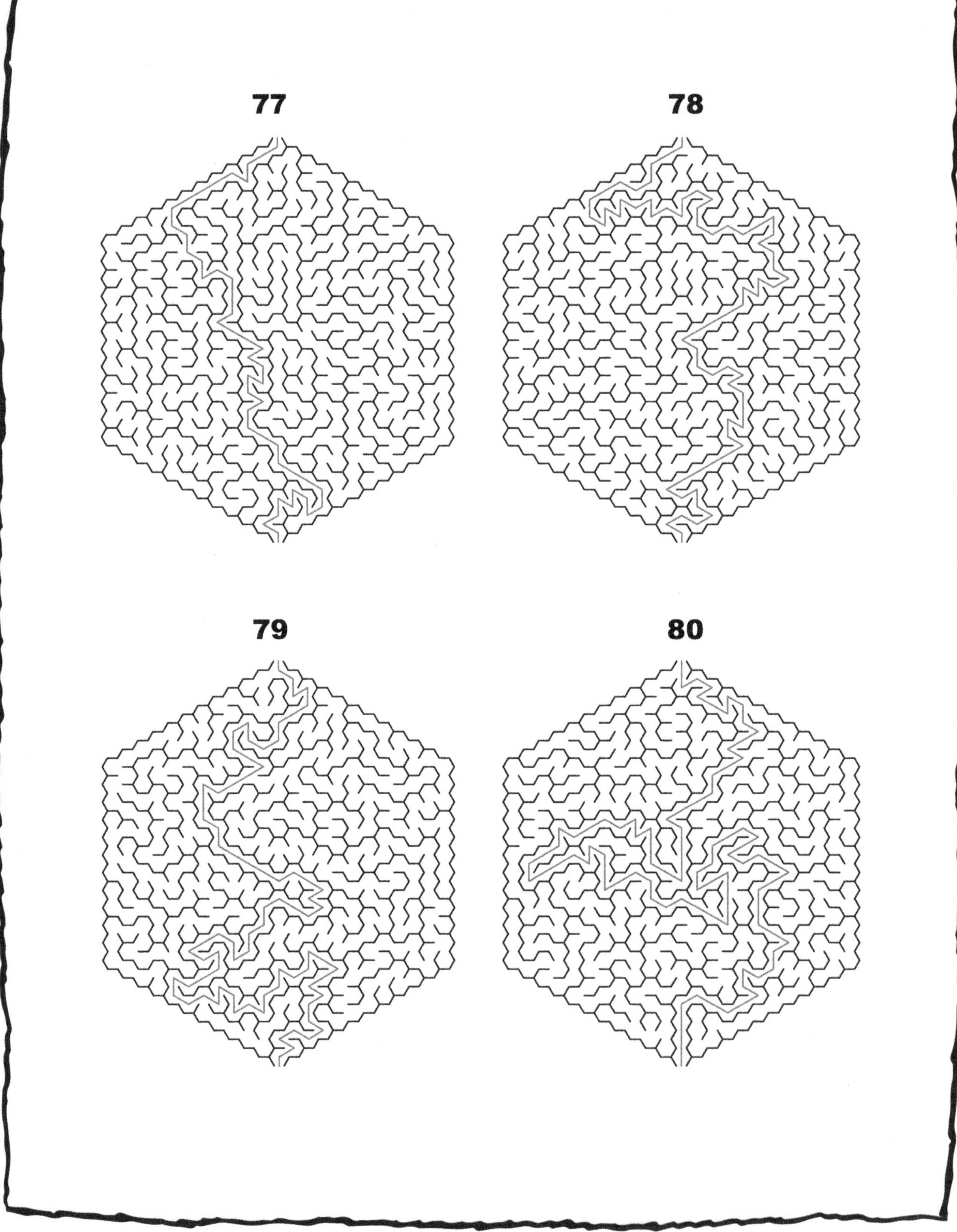

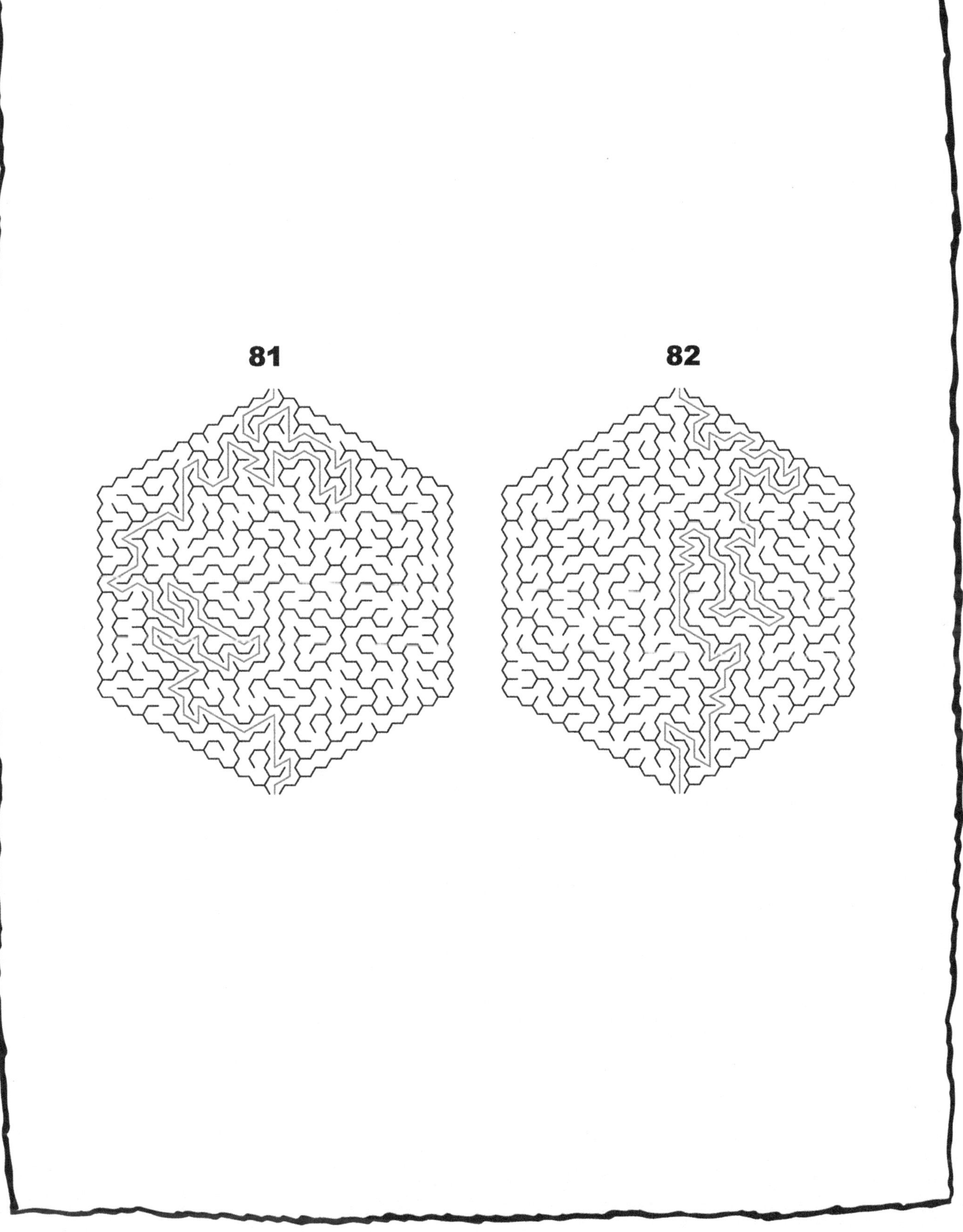

81
82

Made in the USA
Monee, IL
07 July 2026

56545362R00059